鬼族のボスにして異形の呪詛師?!

豊臣秀吉と

それを支えた戦国・異能者集団の謎

知られざる歴史アンダーワールドの実体!!

The mystery of Toyotomi Hideyoshi and the group of supernatural beings of the Sengoku period

［著］月海黄樹

はじめに――秀吉出生の秘密にメスを入れる!!

太閤《たいこう》秀吉は尾張《おわり》国愛智郡中村（現在の愛知県・名古屋市）に農民、あるいは足軽《あしがる》の倅《せがれ》として生まれたといわれています。

幼名は小猿、日吉丸、藤吉郎《とうきちろう》。

母が再婚したため、義父と折り合いがわるく、七つの時に隣国の小寺に預けられたといいます。

やんちゃくれで気性の激しかった藤吉郎に手をやいた僧侶《そうりょ》達は、彼を実家に帰そうとしますが、

「家へ帰すというなら、寺に火をつけて、お前達をうち殺してくれる！」

と凄《すさ》まじい形相でせまる藤吉郎の気迫に恐れをなし、いくばくかの金子《きんす》を持たせて寺を放逐《ほうちく》しました。

藤吉郎が十歳の時です。

それからの藤吉郎は、針売りや物乞《ものご》いをして各地を流浪しました。

そんな彼に、めったにないチャンスが巡《めぐ》ってきます。

尾張の大名、織田信長《おだのぶなが》との出会いです。

草履《ぞうり》取りとして信長につかえた彼は、独特の愛嬌《あいきょう》と、痒《かゆ》いところに手が届く機転の利きかたが信長に気に入られ、武将として召し抱えられました。

そうした中で藤吉郎は次第に頭角を現し、前線に参加する武将にまでなっていきます。


武将としての非凡さを最初に見せたのは、墨股《すのまた》城の築城です。

信長は、強敵であった美濃《みの》の斎藤氏を攻める作戦を考案していました。

斎藤氏の稲葉山《いなばやま》城は、木曾《きそ》川と長良《ながら》川に守られた天然の要害です。

とても通常の戦略では陥落することは不可能でした。

この時、突然、信長は「長良川の向こう岸、墨股に出城《でじろ》を築いて前進基地とする」という命令を発したのです。

敵前に上陸し、大河を背にして一夜城を構築する。こんなことは当時は不可能に近く、信長の武将達はみな躊躇《ためら》っていました。

その中で、末席にいた若年の木下藤吉郎が一人名乗り出て、この難役《なんやく》を引き受けるといいだしたのです。この事態に誰《だれ》もがホッとする反面、武将達は「若造が大ボラを吹きやがって」と冷たい視線を藤吉郎に浴びせていました。

豊臣秀吉像　逸翁美術館蔵

ところが、藤吉郎は尾張領内の〈乱波《らっぱ》もの集団〉の首領級であった蜂須賀小六《はちすかころく》、又《また》五郎《ごろう》、河口久助、長江半之丞《はんのじょう》らを使役し、僅《わず》か四日で、信長の命令した出城を築いてしまったのです。

あっけに取られる武将達の中で、信長一人は大喜びして、秀吉に墨股城の城主となることを許可します。

それからの秀吉は、天才的ともいえる奇抜なゲリラ戦略を次々と展開して、信長の命令に従って狙いをつけた城を次々と陥落させていきました。ここに、百戦錬磨の武将・秀吉が誕生するのです。

秀吉は、信長に引き立てられてトントン拍子に出世し、信長が朝廷から、征夷《せいい》大将軍に任ぜられようとしていた時には中国征伐の方面軍司令官にまでなっていました。

ところが、この中国出陣中、同じ信長の家臣・明智光秀《あけちみつひで》が謀叛《むほん》を起こし、信長は京都・本能寺《ほんのうじ》で自害に追い込まれます。有名な〔本能寺の変〕がこれです。

この時、いち早く知らせを受けた秀吉は、自軍を一日四十キロも移動させるという離れ業を演じて、明智軍に追手をかけ、主君の仇《かたき》を討ったのです。

主君の仇を討った功労により、信長の後継者として秀吉の名が、急浮上してきます。

秀吉は、当時信長の後継者として優位だった信長の遺児達や、家臣の筆頭格であった柴田勝家《しばたかついえ》、信長の同盟者だった徳川家康を排除して、天下人《てんかびと》の座につきました。

そして晩年は、朝鮮出兵を試みて、その戦いのさなかに亡くなります。

これが、誰もがよく知っている豊臣秀吉といわれる人物の半生です。

数年前(当時)、テレビドラマで太閤秀吉が放送されていたことを覚えています。

身分の低い農民の家に生まれたにもかかわらず、機知が働き商売上手な秀吉が、信長につかえて後、メキメキと頭角を現し、成り上がったあげくに天下人として君臨し、やがて哀れなボケ老人になって死んでいく――このような栄枯盛衰の生涯を、西田敏行がひょうひょうと演じていました。

ドラマでの秀吉は、尾張中村の貧しい農民に生まれたため、武将となって戦火に臨んでも血を流したり、農地を破壊するのを嫌って、もっぱら兵糧《ひょうろう》攻《ぜ》めで敵の大将の降伏を促《うなが》すのを常としていたように演じられました。

民衆が安心して暮らせる世を築くために、天下統一、和平実現を試みる……といったような筋立てになっていたように記憶しています。

西田敏行が演じたのは、好人物で、とんちはきくが、所詮《しょせん》は下品な成り上がり者、『器ではなかった』にもかかわらず天下人となったために狂っていく哀れなボケ老人――通説どおりの典型的な秀吉でした。

しかし実際、秀吉という人物を分析してみると、『太閤記』などの後世創作された人間像を鵜呑《うの》みにできるほど一筋縄でいく男ではありません。

農民出身ではなかった！

太閤秀吉の人気の秘密は、偏《ひとえ》に下層階級から天下人に成り上がった立身出世の生涯にあります。これに、水を差そうというわけではありませんが、しかし、秀吉という人物は追えば追うほど、農民出身という物語からはどんどん遠ざかっていきます。

例えば、どんな人間にも身内意識というものがあります。

特に、支配者達はこういうものに頼る傾向が強くあります。自分の身内で身の周りを固めることで、支配者という孤独な立場にいながら安心感を得ることができるのです。

その身内も、血縁だけでは足りません。自分に身近な者達が多ければ多いほどよいわけです。

その見本が、源頼朝《みなもとのよりとも》・平清盛《たいらのきよもり》の中央進出です。これによって、彼らの属する武士集団全体が、政治の表舞台に引き上げられることになりました。

ところが、秀吉の場合は、農民という階級から見ると、秀吉一人の栄達《えいたつ》であって、彼が属していたといわれる農民階級の栄達には全くなっていません。

逆に天下人になってからの彼は、農民であることなど打ち捨てたかのように、皇胤《こういん》を名乗り、世にいう太閤検地を執り行ったり、〈刀狩り〉を実施して、農民が軍事勢力を持って、武士階級に参入するチャンスを皆無にしてしまいました。

こうした秀吉の農民支配に対する冷徹な采配《さいはい》を見ると、とても彼が農民の出身であったとは考えられないのです。

秀吉の一家が本当に農民で、秀吉という人物一人の卓抜した能力が、天下人になることを可能にしたのだとするなら、二十余歳の年に秀吉に迎え入れられるまで、鋤鍬《すきくわ》を手に畑を耕していたという実弟・秀長《ひでなが》までもが、他武将に比類なき目ざましい戦功を挙げ続け、後には朝廷から従二位・権大納言《ごんのだいなごん》を与えられて「大和《やまと》大納言」と呼ばれるような異能ぶりを発揮するという現実は、理解しがたいことです。

信長までもが遠慮する木下家とは？

まず、農民や、針の行商をしていた男が、当時の武将が考えもつかない戦略（それも一夜城の築城や、川にダムを築いて敵の城を水没させてしまうというスケールの大きな戦略）を、突如として自在に繰《く》り出すというのは無理がありすぎます。しかも農民をしていた弟までもが、非凡な武将になったというのです。こうなってくると、木下家が、いったいどんな家であったかが謎《なぞ》になってきます。

徳川家康と秀吉との関係にも、謎が存在してます。

徳川家は秀吉の様に臣下《しんか》という立場ではなく、先の天下人・信長の同盟者でした。信長と家康は同格。織田家が滅び、秀吉が内大臣になった当時、一番の天下人候補は家康だったと言えます。

家康は秀吉とは比べ物にならないぐらい格上の人物だったはずですが、どう考えても家康は、秀吉に対して異常なほど遠慮をしていたように思えるのです。

たとえば、秀吉の天下取りに、信長の遺児・信雄《のぶかつ》が秀吉に反旗《はんき》を翻《ひるがえ》した時です。家康は信雄と同盟して、秀吉軍に勝利したにもかかわらず、信雄と秀吉を和睦《わぼく》させてしまい、天下を秀吉に明け渡してしまいます。

それだけではありません。後に家康は領国の三河《みかわ》から、僻地《へきち》の東国に領地を移すよう秀吉に頼まれ、おとなしくこれに従いました。

東国は家康・信長連合が以前滅ぼした北条氏の領国で、領民は大の北条びいきです。治世上の困難が山積みされていた場所でしたから、領地の変更は下手をすれば徳川家の死活問題さえ生じかねないものだったのです。

当時の家康の軍事力なら、この命令を不服として秀吉に決戦を挑んだとしても何の不思議もなかったのです。

家康は反秀吉の武将達に期待されながら、結局、秀吉の存命中は政権に手出しができませんでしたが、秀吉の死後、大坂夏の陣で、豊臣家を滅ぼします。

ところが、その後の家康の秀吉の祟《たた》りに対する脅《おび》え方が尋常《じんじょう》ではありません。彼は、高僧天海上人《てんかいしょうにん》に頼って、秀吉の祟り封じのために、ありとあらゆる画策をしているのです。家康は、どうも武力以外の部分で秀吉を恐れていたようなのです。

それから、秀吉が茶の湯の名人・千利休《せんのりきゅう》に、突如切腹を申しつけたことも、大きな謎とされています。

こうした多くの謎を持つ秀吉

しかし、秀吉の出世物語を語る時の大前提となる「彼が尾張国愛智郡中村の農民の倅《せがれ》だった」という出生にメスを入れると、その謎が段々とほぐれてくるのです。

豊臣秀吉とそれを支えた戦国・異能者集団の謎《復刻版『秀吉の正体』》——目次

第二章　鬼達が独占支配した職業の分布図

第三章　秀吉が鬼族を縦横無尽に駆使できた理由

第四章　日吉山王・勧進聖が秀吉の正体だ！

第五章　秀吉に流れる高貴な血筋と戦国呪詛事情

第六章　秀吉と利休の凄絶なる近親憎悪

カバーデザイン　森　瑞（4Tune Box）
本文コラージュ　夢野もれら（アトリエ・マルドル）
本文仮名書体　文麗仮名（キャップス）

第一章

もう一つの日本を〝鬼族〟が支配していた！

秀吉の生涯はなぜ一寸法師になぞられたか⁉

通常、研究家が秀吉の史料として参考にするのは、『太閤記』『絵本太閤記』『真書太閤記』『太閤素性記』『大かうさまくんきのうち』『天正記』『豊鑑』などです。

そのうち後者二つだけが、秀吉のお伽《とぎ》衆・大村由己《おおむらゆうこ》と、軍師竹中半兵衛の子・重門の作ということで、比較的秀吉自身と近いところに年代と作者がいますが、後はすべて秀吉の死後数十年、酷《ひど》いときは百年ぐらいたって書かれたもので、芝居の台本用であったり、庶民の娯楽としての絵草紙だったりしますから、話にいろいろと尾ひれがついて、逸話《いつわ》の殆《ほとん》どがフィクションだと考えたほうが正しいかと思います。

では、こうした文献は参考にならないのかというとそうでもありません。

意外な所に真相は隠されているのです。

【一寸法師】

昔、あるところに仲のよい夫婦が住んでいました。

二人の間には子供が一人もいないので、たとえ指先程の子供でもよいから、ほしいほしいと思って、ある日、住吉様《すみよし》へいって、子供を授《さず》けてくださいと、一心に拝《おが》みました。

すると十月目に、指の先ぐらいしかない子供が生まれました。

それでも一寸法師と名前をつけて可愛《かわい》がって育てました。

だが、いつまでたっても大きくならないので、一本の縫い針を刀にしてやって、一寸法師を家から追い出すことにしました。

一寸法師は椀《わん》の舟に乗って都に上り、貴族の家の姫が病気で苦しんでいたのを助け、貴族の家に奉公することになりました。

一寸法師は小さいが、愛嬌があり、何をやっても気が利いていたため、家の人に可愛がられましたが、中でもお姫様が、一寸法師をとても好いていました。

ある日、お姫様は一寸法師と観音様にお参りにいきますと、帰り道で鬼に出くわしてしまいました。

一寸法師は鬼に立ち向かい、針で鬼の目をつついて降参させました。

鬼が逃げていった後、小さな槌《つち》が落ちていました。

それは打ち出の小槌《こづち》といって、何でも願えば欲しいものが出る槌でした。

姫が、一寸法師の背が伸びることを願うと、法師はたちまち立派な若者になりました。

二人はめでたく結婚しましたとさ。

これは、誰もが知っている一寸法師の話です。

鳥取などには「五分次郎」という五分しか背のない小さな男が、鬼ケ島に行き、針で鬼退治をする話が伝わっています。

小さき子が「針の力」で、鬼を従わせるという類《たぐい》の民話は、各地にたくさん残っています。

秀吉の話のはずが、何故、一寸法師の話になるんだと思われるでしょう?

実は、この民話を拡大して、秀吉の『太閤記』などに見られる脚本が作られていたのです。

両者を比べてみれば分かります。

一寸法師の話では、針の剣を持った一寸法師は、神様から授かった子ですが、両親に捨てられてしまいます。

そこで、都に行って貴族の家に仕えます。

小さくて愛嬌があり、大変知恵が回る彼は、奉公先の家の人々に愛されて、鬼を退治するという手柄を立てて姫と結ばれます。

一方、秀吉も、日吉《ひえ》大社から授かった子で、とても小柄な猿に似た人でした。養父と馬があわなかったために、寺に預けられ、家を飛び出したといわれています。針売りをして放浪しましたが、主人信長に仕えてからは、愛嬌と知恵で寵愛《ちようあい》を受け、出世して天下人となります。

どちらの話でも、神から授かった異形《いぎよう》の子が、親から見捨てられ、〈針〉を持って放浪します。彼の特性は、知恵と愛嬌です。

主人に仕えてから彼の神の申し子たる神性は発揮され、手柄をたてて出世するのです。

江戸時代に書かれた芝居脚本や絵草紙、物語などは、それ以前のお伽咄《とぎばなし》の教養がなければ読み込めない暗号になっている場合があります。

一般に公開するのを憚《はばか》られるような情報を、暗号として織り込むという仕組みが作られているのです。「分かる人には、分かる」というものです。

では、秀吉の生涯が、一寸法師になぞらえて脚色されているということが、どういうことなのかと言えば、秀吉の正体が「一寸法師」だということが主題ということなのです。

といっても秀吉が、指の先ほどしかない小人で、針の剣で鬼を退治したといっているのではありません。実は、一寸法師とは、針の呪法《じゅほう》を操る神人なのです。

一寸法師＝秀吉の原型は呪詛の神様

この一寸法師の系譜に類する神人として有名な人物を上げてみましょう。

葛城《かつらぎ》氏系の氏族。賀茂《かも》氏から出た役小角《えんのおづぬ》。海人族《あまぞく》の陰陽師《おんみようじ》・安倍晴明《あべのせいめい》。やはり賀茂氏系とみられる道鏡《どうきょう》。鬼族佐伯《さえき》氏から出た空海《くうかい》。

こうした人々も、後の情報操作で密教行者であるとか、陰陽師であると信じられていますが、実際はいずれも修行の始めを山岳の行者の中で過ごし、倭《やまと》朝廷に追われて山に避難した先住民固有のシャーマニズムを身につけていた行者達です。

秀吉は、彼らと同じ系譜に俗する神人だったのです。

この詳しいことについては、『空海は古代ユダヤの錬金術師だった』に紹介していますので、興味のある方は読んで下さい。

日本土着の古い信仰の中には、少彦名神《すくなひこなのかみ》という神様が呪詛《じゅそ》、薬学、土木の神様として信仰されています。

山岳宗教では、この少彦名神が授けたといわれる呪法と、六世紀頃《ごろ》から朝鮮半島から伝わった鍼灸《しんきゅうじゅつ》術などの医術や奇門遁甲《きもんとんこう》などの占術的兵法が混合した呪禁術、中国から伝わった道教・密教などが混合して、独特の呪詛性の強いシャーマニズムができあがりました。

山岳宗教の担《にな》い手達は鬼族と呼ばれる人々でしたが、こうした山岳行者の強い霊力は、非常に恐れられており、有名な行者は、皆、この系譜の出身者だと言っても過言ではありません。

少彦名神は、蒲《がま》の葉に乗って海を渡って来たという小人の神様でした。

このイメージが、椀の舟で河を下る一寸法師を生みだしたのです。

少彦名神の呪法の代表的なものに、〈蔭針の呪法〉があります。

厄除《やくよ》け、治病、伏魔《ふくま》、伏敵《ふくてき》、縁結び、縁切り、足止めなどに施行して著しい霊験《れいげん》があるといわれる呪法でした。

この呪法には、人形と針と畳《たたみ》が常備道具になります。

甲子《かつし》の日（東洋暦では、十二支の子《ね》・丑《うし》・寅《とら》等と十干の甲《きのえ》・乙《きのと》・丙《ひのえ》・丁《ひのと》等を組みあわせたものを日々の暦にあてはめている）、太陽が昇るときに、鉄床《かなとこ》を清めて、金・銀・鉄で針をつくります。

自分で針を作らねばなりませんから、金属師としての下地がなければできないことです。

針を用意したなら、紙で作った人形を二枚の畳の間にはさみ、呪詛的な儀式のもとで、それを突き刺します。

病気であれば病気の部分、足止めであれば、足の部分、人心を操作する目的であれば、心臓の部分を突き刺せばよいとされています。

この際、人形は畳の間にあって見えない蔭となっているので、蔭針と名付けられ、間違いなく狙《ねら》った箇所を突き刺すには、相当の鍛練《たんれん》を重ねなければいけませんでした。いろいろと変形もあり、「丑《うし》の刻《こく》まいり」や、戦時中の兵士の無事を祈願した「千人針」などもその一つです。

こうした呪詛師達は、鍼灸師でもあり、つねに針を持っています。

法師が病気に苦しむ姫を助けて、召し抱えられたと伝えられるのは、法師が病気平癒をする呪詛師であり、鍼灸師であることを暗示しているのです。

針や鉄の呪詛道具を操る呪詛師は、鬼のトップクラスの神人で、一時は宮廷や社寺の典薬寮《てんやくりょう》に所属していた時代があります。一寸法師や五分次郎は、鬼を平伏させたというより、鬼の大将だったというほうが正しいでしょう。

先に紹介した役小角《えんのおづぬ》などは、前鬼・後鬼と呼ばれる二匹の鬼を従え、自分も頭に角を生やしていたと言われているので、小角自身が鬼だったことは明白ですが、安倍晴明の場合は稲荷神《いなり》の子供として知られています。

稲荷神とは鬼族が信仰していた神様ですから、やはり鬼ということです。

では、空海の場合はどうでしょう？

空海が鬼だったという伝承は存在していませんが、彼は治水《ちすい》工事（橋、ダム、池などを造る工事）の達人として知られています。

そこで、民話の中に登場する鬼を調べてみますと、鬼が一夜で橋を造ったとか、堤防を築いたとかいう話が頻繁《ひんぱん》に登場するのです。

治水工事は（鬼の業）だったわけで、ここに空海の鬼としての側面が見えてきます。


ここで秀吉について考えて下さい。

彼は、一夜で城を築いてしまったり、ダムを造って敵の城を水中に孤立させてしまったりする戦略を得意としていました。

あるいは、〈早駆け〉といって、考えられないスピードで軍隊を移動させたエピソードが伝えられています。

こういうことは、昔なら、すべて〈鬼の業〉として囁《ささや》かれたことです。

秀吉は鬼であり、神人であり、呪詛師だったということです。

これらは、全く矛盾《むじゅん》することではありません。

鬼神などという表現があるように、鬼は妖怪《ようかい》であると同時に神の一種と考えられていましたし、各地に残る様々な「鬼伝説」に登場する鬼は、怪しい妖術を使います。

では、〈鬼〉というものが本当に存在するのか、その正体は何なのかということになってきます。

鬼は存在します。しかも妖怪ではなく、ちゃんとした人間です。

鬼とは倭《やまと》朝廷侵略によって闇《やみ》に生きることになった日本の先住民なのです。

鬼達は、「まつろわぬ民」とも呼ばれ、長い間、日本の社会で卑賤視《ひせんし》されてきましたが、一方では、高度な製鉄文化や特殊信仰の担《にな》い手として活動し、歴史の裏で活躍しています。その氷山の一角が、役小角であり、安倍晴明であり、空海、楠木正成《くすのきまさしげ》、源義経《よしつね》、秀吉なのです。

秀吉はなぜ異形だったのか⁉

筆者は、秀吉は鬼族の中でも、トップクラスの神人だったと考えています。何故なら、秀吉は異形《いぎょう》の人だったからです。

古代の社会は、異形者や障害者を嫌う一方、信仰という特殊な見方を通しては聖なる存在として見ているような場合があります。

日本でも、古代一部の地域では、身障者や精神異常者を神人と見なして処遇することがありました。沖縄のユタ〔占術・霊感師の総称〕なども近年まで、精神障害を経験した者がなることもあったようです。これは、錯乱を神懸りの状態と見なす風習があるということです。こういった、健常者でない者への集団社会での位置決めは、一種の弱者への配慮とも考えることができます。古代はこうして集団の秩序や良心が保たれていたのです。

古代ローマでも、異形者が生まれた場合に、生神として祭り上げたケースが数多くあります。異形や障害を持って生まれるのは、神がその人に印《しるし》をつけたからだと考えられたわけです。

ですから異形者や障害者の霊力は、健常者よりも特別に強いと考えられていたのです。

というよりも、異形者や障害者そのものが霊的な存在だと思われていたといったほうが正しいかもしれません。

次の話はこうした思想が一般的だったことを物語るエピソードです。

南北朝の動乱の時、南朝を率いた後醍醐《ごだいご》天皇は、自らが呪詛師だったことで有名です。

彼は、人間の髑髏《どくろ》を御神体にする陀吉尼天《だきにてん》（もとは人の心臓・肝臓を食す夜叉神であるが、仏教に帰依して福徳をもたらす神となった。日本では、稲荷神と同一視される）の呪術を操っていました。

この時、藤原《ふじわら》なにがしという異常に頭の大きな貴族がいたといいます。

後醍醐天皇は、その頭蓋骨《ずがいこつ》に強力な霊力があると神示を受け、彼を暗殺して頭蓋骨を持ってこさせてしまいました。

秀吉も、猿に似た小柄な異形の人でした。それだけに、大きな霊力を持っていると考えられたはずです。

ではこれから、「まつろわぬ民」あるいは「異能者」と呼ばれた〈鬼の歴史〉と、鬼族がもっとも活躍した戦国時代を通して、鬼の神人・秀吉の謎を追っていくことにしましょう。

支配された者達は、みな「鬼」にされた

鬼族は「まつろわぬ民」、異形の者（かわった風体をしている人）、異能者（不思議な能力を持つ人）などと呼ばれていました。

「まつろわぬ民」とはどういう意味かと言えば、簡単にいうなら〈まつろ＝末路〉定住場所を持たない民ということであり、農耕を介して土地に結びついていない人々、漂泊者に対する名称でした。

鬼族のルーツを遡《さかのぼ》っていくと、古代〈山窩《さんか》、海人《あま》〉などと呼ばれた民にたどり着きます。

山窩というのは、山を住処《すみか》として、材木の伐採、採鉱、石の切り出し、狩猟などに

従事する民であり、海人というのは、海や川の沿岸部に住んで、漁業や水運に従事する民です。

この二つの民は、その生活様式などが随分違って見えますが、もともとは天孫《てんそん》族が渡来してくる以前の先住民達であり、新興勢力から平地を追われ、山岳部と沿岸部に別れて移り住んだだけの同じ民族でしたから、常に両者は交流し合っており、山窩＝海人と考えるのが適切です。

以降は、両者を鬼族と統一して呼ぶことにします。

鬼族の歴史は、『古事記』以前に書かれた『先代旧事本紀《せんだいくじほんぎ》』（全七十二巻）という日本民族の歴史書に詳しく登場してきます。

鬼族の先祖は、オリエントから金属文化を携《たずさ》え、天孫族の渡来以前の日本列島に渡来して、先住民とともに丹後《たんご》、若狭《わかさ》、但馬《たじま》、丹波《たんば》、近江《おうみ》、大和《やまと》、紀伊《きい》、など近畿《きんき》一円を中心に王朝を築いた人々でした。

（※この点についての詳しいことは、紙面の都合上割愛させて頂きますが、興味のある方は、筆者の前著『古代ユダヤ人と聖徳太子の秘密』『龍宮神示』などを読んでいただければ、オリエント、特にユダヤ民族と日本の歴史の関係について詳しく触れて

いますので、参考になるかと思います）

しかし、鬼族の築いた王朝は、三世紀頃に起こった朝鮮半島からの民族移動に伴う新興勢力の侵入によって、衰退していきます。

そして五世紀頃になると、彼らは、稲作文化を主とする新興勢力に平地を明け渡し、稲作に関係のない山岳部や沿岸地域に所在を決め、狩猟型の生活をするようになってくるのです。

彼らは、田畑を耕すのではなく、日々の暮らしを山や海での狩猟に頼っていましたから、獲物を求めて、アチラコチラと移動します。

川や海に住むものの中には、船そのものを住居にしていたような民もいました。

その代表的なものが、遊女です。遊女は鬼族なのです。よく時代劇などを見ると、川原で遊女が客引きをしています。

客と遊女の商談がまとまると、彼女らは舟に客を誘い、そこで交わるわけです。

遊女達は、水上生活者だったということです。

彼らの生活様式は、定住して田畑を耕している人々からは、大変異様に映りました。

川辺で生活する者達を蔑《さげす》んだ「川原乞食」などという言葉もあるように、「まつろわぬ民」という呼び方も、生活習慣の差異による差別、軽蔑《けいべつ》のニュアンスに満ちたものです。

このように、平地民から、差別されていた彼らですが、彼らもただ黙って忍従《にんじゅう》していたわけではありません。

歴史の長きにわたって、各地で反乱を起こしています。

古代、隼人《はやと》、蝦夷《えみし》、毛人、土蜘蛛《つちぐも》などと呼ばれる反乱の徒はすべて彼らですし、日本のあちらこちらに伝えられる鬼伝説で、村人を脅かした鬼とは、彼らのことです。

「鬼伝説」を見ると、殆どの場合、鬼の住処《すみか》は、橋の下や、山奥の穴蔵、沖の孤島ということになっています。

橋の下や山、沖の孤島に住むのは、山窩《さんか》（海人《あま》）です。

平地民と彼らの間には、時々、利害の対立があり、衝突や反乱が発生しました。

鬼族は、もともと金属文化の担い手であり、鉱山を自分達の領地にして鉄製の強力な武器を持つ軍団でしたから、非常に恐れられ、邪悪視されたのです。

その結果、頭に角を生やし、鉄の棍棒《こんぼう》を持った奇怪な妖怪〈鬼〉に仕立て上げられていきました。

倭朝廷が平地、鬼族が山岳・沿岸部——二分化支配の歴史

平地の支配者である天皇は、こうした各地の鬼族の反乱に対して討伐《とうばつ》を繰り返しましたが、武力で押さえつけるというより、最終的には土地境界の取《と》り決《き》めをして、和《わ》睦《ぼく》することの方が多かったようです。

私達は、倭朝廷が生まれた時から、日本は統一国家としての道を歩み始めたと考えていますが、それは大きな間違いです。

日本は、平地が倭朝廷の支配下。

山岳部、沿岸部が鬼族の支配下と二分されていた歴史が長かったということを理解しなければなりません。

実際、本編の主人公・秀吉が登場するまで、この形態は保たれていました。

日本の史料に残されたものは、皆、平地の歴史です。

まつろわぬ民＝鬼族の歴史はタブー視された

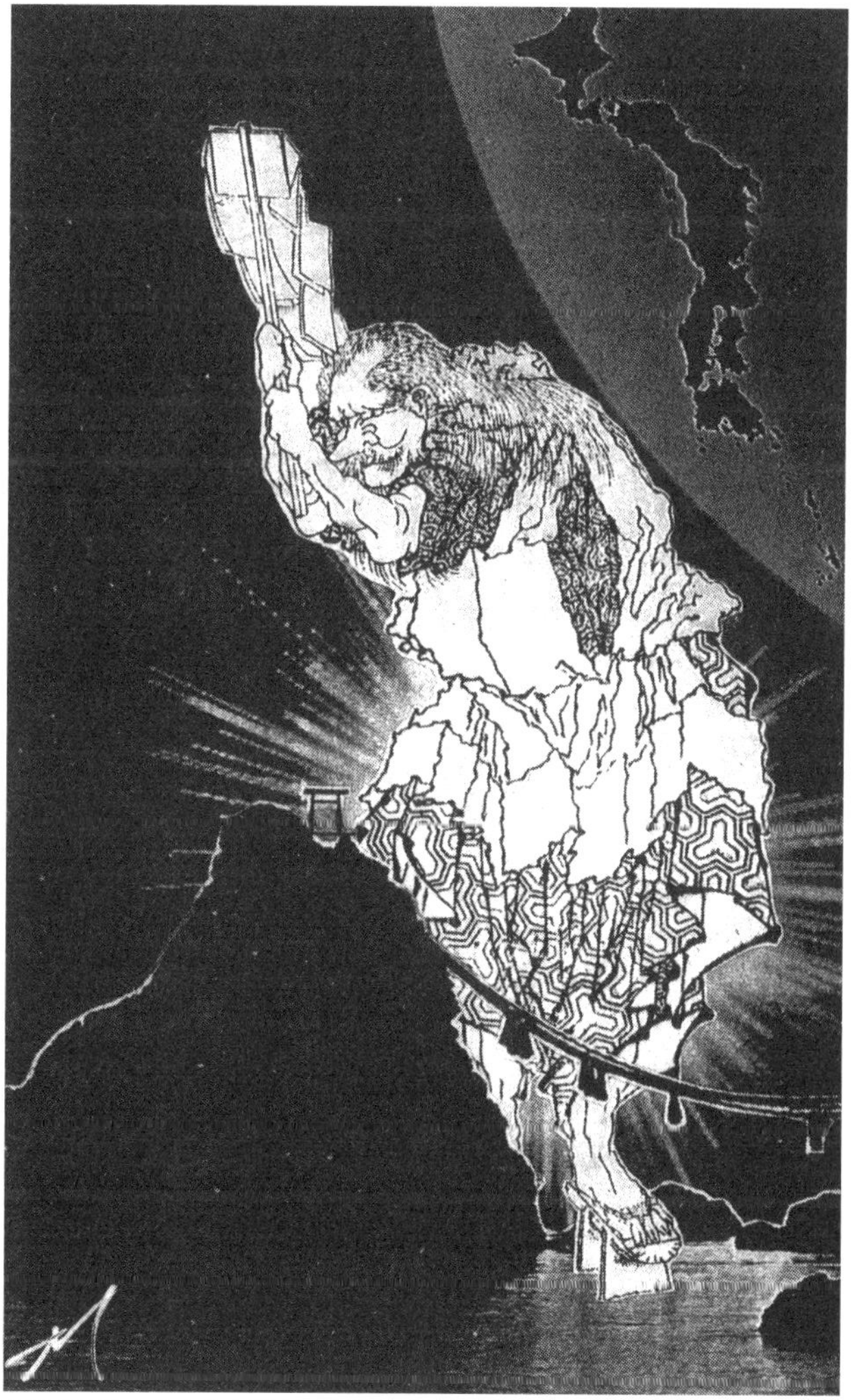

伊勢神宮はもともと皇室とは関係のない鬼族を祭るためのものだった!!

しかし、山岳・沿岸部には、知られていない日本の歴史が存在しています。

平地が表の日本とすれば、海・川・山は「裏の日本」と言えます。

では、支配領地の分権の過程を、『古事記』『日本書紀』などを参考に見てみましょう。

『古事記』『日本書紀』などを詳しく読むと、天皇家の鬼族に対する姿勢の変化がよく分かります。代表的な例を挙げてみます。

[天孫降臨《てんそんこうりん》] 天皇家の祖先であるニニギノ命《みこと》が、天から日本列島に天下ってくる時の物語

ニニギノ命が一団を率いて、天から日本列島に下ろうとしていたところ、一人の恐ろしい容姿をした神が道を塞《ふさ》いでいます。

その神の目は鏡のようにランランと輝き、鼻は七尺もあります。

全身は光り輝いて、日本列島から、天の高天原《たかまがはら》までをも照らしていました。

一団は、そのため、前に進むことができません。

ニニギノ命が、困り果てて天照大神《あまてらすおおみかみ》に伺《うかが》いをたてると、「ウズメ神を遣《つか》わしなさい」

ということでした。

ニニギはウズメを遣わせて

「貴方《あなた》はどなたですか？　なぜ、そんな所に立って邪魔をするのですか？」

と尋《たず》ねさせますと、その神はこう答えました。

「私は、国津神《くにつかみ》で、猿田彦神《さるたひこのかみ》というものです。天孫《てんそん》が来られるというので、ここで待ち、お仕えしようと思っていたのです」

猿田彦神は、ニニギノ命の一団を道案内し、ウズメとともに伊勢《いせ》の国に帰りました。

ここで、登場してくる猿田彦神は、伊勢の神です。

伊勢には伊勢神宮があることで有名です。伊勢神宮は、天孫族の皇祖「天照大神」をお祭りしている神社といわれていますが、事実はそうではありません。

その証拠に、天皇家はどちらかというと伊勢神宮を避けてすらいました。

意外に思われるかもしれませんが、伊勢神宮への天皇の公式参拝は、明治天皇が初めてなのです。

伊勢は海に面した土地で、もともと鬼族の国でした。

伊勢信仰の中心となるのは、元旦に二見《ふたみ》ケ浦《うら》の夫婦岩《めおといわ》の間から出てくる朝日を拝むという風習です。

この二見ケ浦の近くに猿田彦大神を祭った興玉《こうたま》神社があります。

夫婦岩の間には、現在は水没して見えませんが、昔、興玉岩という岩がありました。

名前からして猿田彦大神の依代《よりしろ》となっていた岩なのでしょう。

ですから、朝日を拝む風習は、この猿田彦大神の依代である興玉岩から出てくる太陽を拝んでいたのが原型なのです。

鬼族は、猿田彦大神という太陽神を信仰しており、天照大神の「あまてる」とは「海照る」すなわち、鬼族の太陽神の猿田彦大神の別称だったのです。

そうなると天皇家は鬼の神様〈猿田彦神〉を、自分達の先祖の神として祭っているということになります。

何故、そんなことになったかといいますと、先の「天孫降臨」の実態にその謎が隠されているのです。

『古事記』は、天皇家の都合のいいように書かれていますから、先の物語は、いかにも猿田彦神がニニギノ命に降伏した物語であるように仕立て上げられています。けれども部族の女を、敵対する者に差し出すという行為は、もともと「降伏します」という意味を含んでいるのです。

つまり、本来、「天孫降臨」の物語は、天孫族が最初に日本に渡米してきた時、先住民である鬼族に妨害され、降伏のしるしとして部族の女を差し出すことで、居住を認められたという話なのです。

戦場で、降伏した部族が、部族の女を差し出すという行為はモンゴルなどにもよく見受けられます。

こういう行為は、一種の「血縁儀礼」と考えればよいでしょう。

つまり、モンゴルなどの場合は、男同士が、一人の女を共有することによって、義兄弟となるといった風習があります。これが、戦場に持ち込まれますと、降伏と最終和睦のしるしとして、敵と義兄弟になるために女を差し出す行為になるのです。

天孫降臨におけるニニギノ命という天皇家の祖神《うじがみ》は、鬼族の祖神の猿田彦神の義弟になりますから、当然、天孫族はニニギノ命より格上となった猿田彦を丁重にお祭りしなければならなくなります。

天孫族が、天照大神を祭るという構造が、ここにおいてできあがってきたのです。

こういうことは、昔はよく分かっていたようで、いくら『古事記』や『日本書紀』で誤魔化《ごまか》してみても、伊勢神宮が、皇祖だという観念があったようには思えません。なにしろ、奈良《なら》時代の文献などを見ても、伊勢神宮の神は、ただ「伊勢におわす神」とのみ記され、天皇家との関係を匂《にお》わせる記載は一切ないのです。

しかし、宗教の統一が国家のもとに強力に進められると、いつのまにか伊勢神宮は皇祖ということに統一されていきます。

年月を経《へ》るうちに、優位に立った天孫族は、天照大神をペコペコと祭っているのは、自分達の祖神だからだということにしてしまったのです。

鬼族と天孫族の力関係が逆転したのはいつか

最初に天孫族と鬼族と呼ばれる民族との力の逆転が始まったのが、五世紀の雄略《ゆうりゃく》天皇の時代でした。

『古事記』では、雄略天皇が皇位についた最初の頃、倭《やまと》の葛城山《かつらぎさん》で、葛城神と出会った物語が記されています。

雄略天皇が、葛城山の小道を臣下とともに歩いていると、霧がかかってきて、道に迷ってしまった。

見ると、向こうに、天皇とそっくりの姿をして臣下を従えた集団が歩いてくる。

天皇が無礼に思い、「お前は誰だ！」と言うと、天皇とソックリの姿をした男は、

「私は、葛城の神である」と名乗った。

恐れかしこんだ天皇は、自分も臣下も服を脱いで、葛城の神に差し出し、葛城の神に送られて、山を下った。

葛城山と言いますのは、神武《じんむ》天皇以前に倭地域を支配した鬼族ニギハヤヒノ命の一族が、最後まで立てこもった所です。

葛城の神とは、その一族の王のことにほかなりません。

さすがの雄略天皇も、山という彼らの領地では立場が弱く、率いていた臣下ともども服を脱ぐという屈辱的な降伏の姿勢を見せて、山の王に道案内をしてもらわなくてはならなかったのです。

ところが、雄略天皇はその後、葛城神を捕らえて、土佐《とさ》に島流しにしてしまい、倭にあった伊勢神宮を、当時の僻地であった伊勢に移しました。

このことは、倭朝廷の力が、葛城の山窩《さんか》や海人《あま》を制圧してきたことを物語っていますが、天皇に逆らった葛城神を、殺さず島流しにしたのは、やはり鬼族と直接武力衝突することを避けたかったからです。

その後、伊勢神宮を遷宮《せんぐう》したのも、葛城神を島流しにしたことで、怒った神が祟《たた》ることが怖かったからなのです。

神が祟った例が、前にも一度あります。

崇神《すじん》天皇が三輪山《みわやま》に宮を構えて、倭の支配者となった時のことです。

三輪に祭られていた先住民の神の祟りで、疫病《えきびょう》が大流行しました。

そのため、崇神天皇は宮の中にあった神所を、外に移してしまい、出雲《いずも》族（鬼族の一つ）のオオタタネコに祭らせて、神を慰めます。

『古事記』『日本書紀』などの資料によりますと、天皇一家に問題が生じた場合に、先住民の神を丁重に祭らなかったことを、その起因としています。こうしたことが、強く信じられていたため、神殿を廃止してしまうわけにはいかなかったのです。

古代の人が、神というものを、現代の私達よりずっとリアルに捉えていたことを踏まえないと、そのへんは分かりにくい心情です。

葛城神の島流しに関してですが、鬼族は優秀な造船や航海の技術を持っていた先住渡来民族でしたから、今、考えられるような「孤島に島流しされる」というイメージとは違い、単に移住させられたというぐらいのニュアンスと受け取ったほうがよいでしょう。

つまり、雄略天皇は倭地方を、ほぼ自分の支配下におさめましたが、その支配は倭という小さな地域に限ったことで、相変わらず地方の山岳や沿岸部は、鬼族の覇権が強かったということです。

昔語りなどでは、山や海や川には、必ず鬼・山婆《やまんば》・天狗《てんぐ》・竜《りゅう》・河童《かっぱ》などの恐ろしい妖怪が登場して、平地の民が、そういう場所に足を踏み入れる危険性を警告しています。

倭朝廷側の平地の民にしてみれば、先住民達の領地である山岳や沿岸部は、中央の支配力が届かない恐ろしい〈異界〉だったのです。

鬼の住む異界との交流は、川を媒体にしていた

山・海・川は山窩や海人の領地として、平地民の禁足地だったことを伝えた民話がたくさんあります。

［鬼のむこ］ 鹿児島県　大島郡

昔、むかし、あるところに娘を三人持ったおなごだち（寡婦）が暮らしていた。

小雨のふる夜、母は一人ではる（畑）に出かけました。

母が畑で働いているうちに、雨は大降りになり、途中の川の大水が溢《あふ》れて、たちまち渡れなくなりました。

母が困りはてていると、鬼がやってきて、「そこで何をしているか？」と尋ねました。

母が「川が渡れなくて困っております」と言うと、鬼が言うには、

「よし、それなら渡してやろう。そのかわりお前には娘がいるだろう。その娘を

俺《おれ》の嫁にしてくれ」おなごだちはしょうがなく「おぉー」と答えました。

鬼は、おなごだちを川の向こう岸に渡し、「今度、雨の降る日に、娘をもらいに来る」

と言いすてて別れました。

雨の降る夜、鬼はおなごだちの末娘を貰《もら》いにやってきました。

その日も、洪水で、鬼は末娘を抱き上げ、得意になって川を渡っていました。

すると向こう岸に着こうとするところで、鬼はけつまずき、急流に飲まれて悲鳴を上げながら死んでいきました。

末娘は、うまく岸に飛び上がり、岸でどぎまぎしていると、そこに殿様が通りかかりました。殿様は、ことの次第を聞いてたいそう感心し、末娘を嫁にしました。

先にも「鬼の業」について述べましたが、このように、「川を渡る」「川に橋を架ける」という類の民話には、必ず鬼が登場して、その願いを叶《かな》え、悪者ということで、騙《だま》し打ちにあったり、失策で死んでしまったりします。

山や海などには、余程の事情がない限り平地民は行かずにすみますが、平地を縦横に走る川の権利が自分達にないことは困りものでした。

物資、人の流通がままならないばかりか、田畑に引く水の権利までにも、係わってくる場合があります。

物語でも、鬼を退治（？）した娘に、殿様が感心するあたりに、川を挟んでの攻防戦が如何《いか》に熾烈《しれつ》だったかが、現れています。

こうした話で分かるのは、鬼族が、自分達の領地権を利用して、平地民と取引をしだしていたということです。

取引の対象となるのは、大抵女となっていますが、これは、彼らを悪者に仕立て上げるための細工であって、実際は米などの報酬を要求して、川を渡らせたのでしょう。

こうして、平地民と鬼との交流が葛藤《かっとう》の中で少しずつ始まっていくのです。

「六部殺し」は鬼がもつ富への怨念を物語る

山の産物、海の産物といったものを取り扱うのも、山岳や沿岸部を領地とする鬼族の特権の一つでした。

山の産物といってもいろいろとあります。

木の実、茸《きのこ》、薬草などもそうですが、山の材木、山から産する金・銀・銅・鉄などの鉱物。建築用に使う石などです。海の産物というと魚介類、海草。

それから忘れてはならないのが、山越え道や海路が、彼らの領地だということです。

特に、山の産物を見ると分かることですが、薬草や鉱物といった当時の貴重な高級品が、彼らの手の内にあります。

ですから、鬼族はかなり平地の民から見れば贅沢《ぜいたく》な暮らしをしていたということです。

そのためか、鬼は、昔話の中でも、金銀財宝の宝物と共に語られます。

こういう背景がありますから、平地の民は、いつも鬼族に対する怨念《おんねん》に似た羨望《せんぼう》を持っていました。

『六部《ろくぶ》殺し』といわれる定番のパターンを持った民話が各地にあります。

「六部」とは鬼族の別称「まつろわぬ民」を象徴した「流浪の聖《ひじり》」のことです。日本民族の祖先は、ニニギが従えてきた「五部」（五つの部族）から成り立っていますから、その部外者が「六部」ということなのでしょう。

昔は、村落の中で、特定の家が急に栄えたり、没落したりした時に、必ずその家に「六部殺し」の噂《うわさ》が立ちました。

それが、民話の中に反映しますと、「ある家の男が、家の中に旅の者（六部・山伏《やまぶし》・座頭《ざとう》）を泊め、殺して所持金を奪った。

そのため、家が栄えたが、問題のある子供が生まれ、その子供によって『おとうちゃん。こんな晩だったね』と父親の罪が告発される」という怪談話になります。

平地の民の中には、富をもたらす漂泊者の訪問を歓迎する心がある一方、その富は漂泊者である鬼を殺害してこそ得られるものだという深層心理があったのです。

鬼族のほうとしては、追われた平地の暮らしを懐かしむ気持ちと、侵略者を憎悪する気持ちがあります。

平地民と鬼族の間には、このように互いに対する根深い怨念の構図があったのです。

「散所」は平地に生まれた鬼族のアジールだった

長らく、平地の民と、鬼族は、互いの領域の中で必要最低限の社会的な接触以外持たずに生活してきましたが、八世紀から九世紀にかけて、荘園《しょうえん》が全国規模で展開するようになって、様子が違ってきます。

荘園は、大規模な開墾《かいこん》を行うことのできる都の貴族や社寺が、開墾した現地から遠く離れた場所にいる場合、現地に荘所と呼ぶ運営のための拠点を置きました。

こうして開墾された農地と荘所を併せて、荘園と呼びます。

貴族や社寺は開墾地の近くの農民と契約を結んで、田畑を耕させるのですが、ここで問題になってきたのが、荘園から都の貴族、社寺、朝廷へ送る租税の輸送の問題でした。

遠くの荘園から物資を輸送してくるとなると、禁足地である山岳や川、海などの経路を使用しないわけにはいきません。

そこで、貴族や社寺は、地域の輸送路の権利を握っている鬼族に、荘園物資の輸送を担わせる専属の機構を設けました。

こうして荘園物資の輸送のために設けられた場所を「散所《さんじょ》」といいます。「散所」は、東は山科《やましな》、坂本、西は淀《よど》を初めとする山崎、水無瀬《みなせ》、長州、畿内、畿内郊外への交通の要所となる場所に散らばっていました。

さて、「散所」の名称の由来ですが、史料の上では「算所」「山所」「山荘」「産所」などと書かれています。

「山所」「山荘」などは、山窩や陸路交通との関係を示唆したものであり、「算所」「産所」などは、租税を集める場所としての機能を表す表記の仕方なのでしょう。

「散所」は、今まで山岳部や沿岸部に閉じ込められていた鬼族が、平地に進出する機会を、平地の社会から認めた制度だということになります。

「散所」では陸運、水運に従事する鬼族以外にも、彼らの生活や習慣を維持するための職人達が多数集まって村を形成しました。

鬼族の神人、楽人、禰宜《ねぎ》、金属師、石切り、木地師《きじし》、造舟師、猟師、漁民、衛士《えじ》といった、農民にとっては、異界の住人達です。

こうして、平地の中に鬼族のアジール〈鬼の集落〉が登場したのですが、山、川、海と同様に「散所」も恐れられました。

後年の「散所卑賤視」は、こうした恐れの結果、発生したものです。

「散所」と荘園主との関係は、天皇家と鬼族との関係に等しく、「散所」の免税、自治、風俗の自由が認められるかわりに、荘園農民からの報酬と交換に租税の徴収の実務と、輸送を執り行うというものだったと考えられます。

以上のような「散所」の発生を考えますと、初期の頃の「散所」が地域社会にかなりの力を持っていたことが容易に想像できます。

「散所」の鬼族は鋤鍬《すきくわ》を農民に賃貸ししたり、薬草や、便利な農具を売ったりして、豊かになっていきました。

中には、「散所」そのものが農地を持つまでになって、散所の頭領は「散所長者」

と呼ばれるほどになっていきます。

鬼の神様が「市」を生み、都市を生んだ

「散所」には信仰の自由も与えられていました。

彼らが信仰したのは先程も登場した〈猿田彦神〉です。

猿田彦神は、ニニギを道案内したということで、「巷の神《ちまた》」と呼ばれています。

巷の神とは〈地又〉＝道が別れたところにいる案内の神ということです。

支配者から運送人になった鬼族の零落《れいらく》につれ、神様も太陽神から、道案内役になってしまったのです。

彼らは月に一度、決まった日に川原や神社の前で、「巷の神の祭り」を出現させました。「市」の〈ち〉は、ちまたの〈ち〉であり、水路、陸路を守る神に捧《ささ》げる〈ハレ〉の舞台が市だったのです。

市では、鬼族の神人達が、歌や踊りや絵解きなどで、「巷の神」の神徳を讃《たた》える祭りを盛り上げます。

川原では、のちに歌舞伎《かぶき》役者になっていく「印地衆《いんじ》」と呼ばれる粋《いき》な兄さんが、二手に分かれて礫《つぶて》を打ち、勝敗を競う見せ物を演じたりします。

彼らの珍しい風俗が見られる賑《にぎ》やかな催《もよお》しに引かれて、荘園の民達が集まってくると、道端《みちばた》には「散所の産物」がズラリと並べられ、売買が始まるのです。

これが、市、商業、商人というものの発生してきた過程です。

考えてみますと、今日、サービス業と呼ばれるものは、すべて彼らの職域にあったといって過言ではありません。

彼らのこうした役割を考えるとき、活気のある都市は「散所」のある所に生まれ、彼らが都市を動かす原動力であったといえるでしょう。

後年になって、商人・職人・芸人などは一般的な職業として定着しましたが、長らくの間、こうした職は普通の平地民が係わる仕事ではありませんでした。

今ではアイドルなどと騒がれる役者や歌手、あるいは文化人と呼ばれる作家や画家なども、大正辺りまでは相変わらず軽視されていました。

筆者が子供の頃まで、「お米を残したら、お百姓さんのバチが当たる」などといわれていたのに比べて大変な差です。

平地の農耕民族にとって、米作りこそは神聖な仕事であり、それ以外は「卑しい仕事」だったのです。

しかし、そういいながらも鬼族の持つ技術や知識は、「異能」という言葉で表現されつつ、一種羨望を持たれていました。

それでは、次に、平地におりて活動する鬼族・「まつろわぬ民」と呼ばれた人々の職業地図を見ていきましょう。

特に、これから入っていく戦国時代と「まつろわぬ民」との関係の中で、彼らがどのような役割を果たしていたかに注目して下さい。

第二章

鬼達が独占支配した職業の分布図

鬼族が支えた土木工事と社会福祉

鬼族職業の中で、なんと言っても最高位に位置するのが建築です。建築の材料である材木、石、金属は、皆、山からもたらされるものですから、建築は山岳を所領する鬼族の特権的な仕事になりました。

そこで、鬼が一夜で「橋」や「城」を造ってしまう民話が生まれるのです。

建築士は大抵、採鉱、金属精錬、石切り、伐採、などを兼業しています。

そして彼らは、一様に、宗教的な地位の高い神人《しんじん》なのです。

何故かというと、鬼族のような、日本先住民の信仰は、山を御神体としています。

ですから、山に入り、その中から鉄や金を取り出す、あるいは木を伐採する、石を切り出すというような作業は、いわば神の体の一部を搾取《さくしゅ》しているのと同じことです。

そのため、こうした作業に係わるには、特別な神祭りができることが条件とされ、職人達は必然的に、神と意志を通じ合えるシャーマンであることが要求されました。

その結果、山岳には秘密宗教集団が発生してくるのです。

先に紹介した「蔭針《かげばり》の呪詛《じゅそ》」に金属師としての腕が求められる理由はこういうことです。

「三種の神器」の中に、鏡や剣があることからも分かるように、鬼族の扱う金属は、石や材木以上に当時大変貴重なものでした。

採鉱や金属精錬の技術は高度な教養であり、宗教的な密儀にも係わっていたといえます。

金、銀、銅、鉄などの産地も大変な極秘事項でした。

よく、各地に残る山岳宗教の禁足地などを訪ねると、昔、金属の産地であったような場所が多いのは、このせいです。

ですから、金属師を中心に山岳の宗教は発展していきます。

この発展過程は、西洋の有名な宗教結社フリーメーソンが建築士・錬金術師を中心に発展していったのに非常によく似ています。

建築は、こうした山岳宗教集団のトップクラスの神人が扱いました。

建築という仕事は、アフリカなどの先住民社会では現在でもそうですが、古代のどこの文明においても、神聖でシャーマニックな意味合いを持つものとして理解されています。

巨大な神殿や、橋を造りだす能力は、神秘的な力に通じている結果だと考えられていたのです。

鬼族の中で、陰陽師《おんみょうじ》・禰宜《ねぎ》・神人・聖《ひじり》などと呼ばれる人々は、こうした建築に係わる神人だったということです。

彼らの下に、鍛冶屋《かじや》や、木地師《きじし》、彫刻師といった集団が控え、その指令に従います。

戦国の武将も、築城や城下の整備では、何かと彼らの世話になりました。

少し、ケースとしては違いますが、高野山《こうやさん》や東大寺をはじめとする諸寺の「散所」では、こうした大ボス達が「勧進聖《かんじんひじり》」という特別な役職名をもって活躍しています。

勧進聖は、寺の請負師《うけおいし》ともいえる存在で、直属に遊行聖《ゆぎょうひじり》と三昧聖《さんまいひじり》がいます。

その下には社寺の建立《こんりゅう》や仏像の造形に携わる鍛冶屋、木地師、彫刻師などの面々が顔を揃《そろ》えます。

勧進聖は、寺から請け負った造寺・造像などの作業を成しとげるために、配下の遊行聖達を勧進遊行の旅に送り出し、諸国の民衆から喜捨《きしゃ》を募《つの》って労働力を提供させます。

一方、自らは有力貴族や、武家から大口の奉加《ほうが》物を集めて回ったりするのです。

勧進聖の役割はそれだけではありません。

布教効果を上げるために、民衆の要望に応じて灌漑《かんがい》土木工事などをしたり、道路、橋を造ったりするような慈善的な請負業はすべて、勧進聖によって統括されていました。

勧進聖の配下の三昧聖と呼ばれる者達は、農民達が嫌う死体の処理や葬儀全般を取り仕切って、土地に累積する「死の汚《けが》れ」を払います。

彼らは、地域の衛生班のような役目を果たしていました。

大社寺が行う民衆の救済のすべては、実は殆《ほとん》どこうした鬼族のなした仕業でしたが、中世後半になって、中央権力の決めた身分や権威というものがあらゆる方面に定着すると、こうした下級聖達はだんだんに蔑《さげす》まれるようになり、特に三昧聖などは、卑しい職業という意識を持って差別視されるようになってしまうのです。

戦国武将は必ず鬼族の軍師（占者）を雇っていた

占いも、鬼族のお家芸でした。

「辻占い《つじうらな》」という言葉があるように、占いというものは、辻（道の別れた所）でなされるものであり、辻とは村と村の境界を意味しています。

あるいは、「橋占い」というようなものもあり、橋の袂《たもと》には予言を行う巫女《みこ》集団がいて、橋を通る人々を捕まえて未来を語っていました。

大体、村や国の境界というものは、川や尾根道などを挟《はさ》んで決められているものであり、境界線自体は鬼族の領地というふうになっています。

つまり、橋や辻などの鬼族の領地を、一般の人が越していかなければならない場合、こうした占部《うらべ》に捕まって、布施を行うということで、一種の通行料の支払いという意味合いを持っていたのです。

あまり知られてはいませんが、戦国武将の戦いは、占いや、祈禱《きとう》に頼りきったものでした。

普通、軍師というと私達は、兵法に通じて兵の動きや、戦略を決める参謀のように思っていますが、戦国時代の軍師と言えば、殆どが占部のことだったのです。

戦国武将は占いで、出陣の吉日や方位を決めて、戦いに出掛けていったのでした。

戦国の武将にとって、軍師（占者）を雇うことは、国境を越えて敵国に攻め込むときの道案内や通行料支払いという意味でも必要なことだったのです。

白拍子＝鬼族の巫女と遊んで武運を摑んだ武将達

中央権力によって、信仰が統括されると、そこから疎外された先住民の巫女《みこ》達は、それぞれの信仰を携《たずさ》えて各地を遊行するようになります。

彼女らは、もともと舞や踊りをもって神に仕える神妻であり、絵解き、歌い、踊りなどを通して信仰を、分かりやすく民衆に伝えるのが本来の姿でした。

特に白拍子《しらびょうし》は、宮廷舞の流れをつぐ「まつろわぬ民」の巫女達でした。

彼女らは、各地を巡業する傍《かたわ》ら、夜、貴族や皇族の招きに応じて、邸内でその芸を披露《ひろう》することを求められました。

この時、彼女らは、巫女の一芸として口寄せ（死者の霊を寄せて、語る）や、占いをします。あるいは、各地のよもやま話を語ってきかせます。

貴族の側はそれを教養の一つとして受け入れました。

また、白拍子と交わることは、本来、神妻と交わることであり、これによって霊力や神徳を得ることができると信じられていた神聖な儀礼だったのです。

そんなわけで、戦いに明け暮れる戦国武将と、白拍子との係わりも、やぶさかではありませんでした。

これが、本来、夜伽咄《よとぎ》と呼ばれるものの原型なのですが……彼女らの身分が零落するにつれ、売春行為を生業とする者達が増え、夜伽咄自体が、売春を意味する言葉へと変化していくのです。

人心操作のためのマスメディアとしての能、歌舞伎、大道芸

各地を巡業して回る芸能の民は、もともと鬼族の神人や楽師層から出ました。信仰場での地位を中央の侵略によって取り上げられた彼らは、身につけた芸を披露して生業《なりわ》うしかなかったのです。芸能と呼ばれるものには能役者《のうやくしゃ》・猿楽師《さるがくし》・田楽師《でんがくし》から、阿波《あわ》踊り、猿回しなどの大道芸能まで様々にあります。

これらは一様に、神に捧げる舞踏から派生したものです。例えば、猿回しのような大道芸でも、もとは「馬の健康祈願」を神に祈る時に、猿に回せる舞だったのです。

舞〈まい〉とは〈回る〉の意味であり、連続した円運動を行うことが神舞の基本であり、円は終わりと始まりが同一となる永続性を意味しているため、神秘的な所為だと考えられていたのです。芸能と信仰は分かちがたいものであり、舞や歌はすべて神秘的な力を持った呪詛の一つとして考えられていました。

そんな芸人達の中の変わり種は、「歌舞伎者」です。

歌舞伎とは、本来〈かぶく＝傾く〉という動詞の名詞形であり、「前衛的」な芸能という意味でした。

歌舞伎者の派生自体が、変わっており、彼らは他の芸人のように神人や楽師からではなく、「印地衆」といわれる戦闘集団から発生してきました。

巷《ちまた》の神の祭りであった「市」の川原で、礫《つぶて》を投げ合って合戦の出し物をする集団です。


神に「ハレ」の舞台を捧げるという意味においては、楽師と性質を同じにしているといえないこともありませんが、随分と乱暴な集団が、日本の伝統芸能の担い手になったものです。

「つぶて」といっても、手で石を投げるわけではありません。

投石器を使って投げるため、大変な殺傷能力があり、死人が出たり、流血沙汰《ざた》も日常茶飯事でした。

普段、こうした場面に遭遇することのない村の娘達は、いなせな兄さん達が、額に血を滲《にじ》ませて合戦している様子を見て、「キャーカッコいい」と騒いだのです。

この催しが、一部の集団の中によってだんだんと凝《こ》ったものになっていき、「つぶて」の代わりに「殺陣《たて》」を取り入れた舞台に変化していきました。

銭形平次などの流行《はや》りの芝居の「投げ銭」も、もとは「つぶて」に原型があったのです。

こうした芸人達は、貴族や武将に興行許可と交換に、各地で巡業する傍《かたわ》ら集めた土地の情報を提供するというようなことをしていました。

また、彼らの芝居や歌といったものは、今で言えばテレビやラジオの役目を統括していたと考えればよいでしょう。

彼らは、マスメディアの担い手であり、歌や芝居によって、様々な情報を流したり、それによって、大衆心理を操作することもできたのです。

戦国武将も、芸人を通じて、自分に都合のよい情報を流したりしていました。

茶人、お伽咄衆、連歌師は戦国政治の黒幕

鬼族の中には、今でいう文化人になった者達もいます。

今では女性の嫁入り修業の一つとされている「お茶」ですが、元来、茶は「薬」として考えられていました。

もとは薬師《くすし》が、無病息災のための常用薬として、宗教儀礼的な作法をもって立てる茶を、服用する習慣が「茶の湯」の始まりです。

百年も続く戦国時代になると、当然、大名は激しい緊張を強《し》いられる毎日が出現します。

「茶」の服用も頻繁になり、それがいつの間にか緊張を緩和するための娯楽となり、「茶の湯」という独自の文化に発展していったのです。

しかし、戦国時代の「茶の湯」には、それ以上の深い意味があったことも確かです。

知ってのとおり、「茶会」は、住居から隔離された茶室という狭い空間の中で営ま

鬼族はなぜ戦国文化人に変身したのか⁉

茶人、お伽咄衆、連歌師ら戦国政治の黒幕を担った者のルーツは、みな鬼族だった!!

れます。そこには、秘密保持と、狭い空間の中で人々が膝《ひざ》を突き合わして座ることによって生まれる「一味同心《いちみどうしん》」の同意が求められているのです。

すなわち、「茶の湯」は大名が、秘密会議をするためのサロンであり、高価な「茶器」は、一種の政治献金として、やり取りされていたというわけです。

「茶会」は、いわば裏政治の暗躍する舞台だったのです。

このような「茶会」に係わる鬼達は、鬼の中でも相当の実力者だったのです。

「茶の湯」と並んで武将の教養の一つに数えられていたものに「連歌《れんが》」があります。

武将達は出陣前に、必ず連歌会を開き、その連歌を奉納して出陣しました。

それを取り仕切ったのが、連歌師と呼ばれる鬼達です。

よく武将が、出陣千句などという連歌を詠《よ》んだりしていますが、連歌師が独吟しているものも少なくありません。

連歌は、他の一般的な文芸とは異なり、神に奉納するという性質上、詠めば功徳《くどく》があると考えられ、出陣前に連歌を詠めば必ず勝つと信じられていました。

連歌師は、大名の参謀役、出陣前の必勝祈願儀式を執り行う神人でもありました。

ある武将の連歌を取り仕切ったと思えば、翌日には敵の武将の連歌を詠んだりするため、連歌師は戦場事情によく通じることになります。

そのため、この情報を持って茶人に転身するような者も相当いたようです。

茶人・連歌師と並んで、戦国の黒幕的存在がお伽咄衆《とぎしゅう》です。

奈良《なら》時代あたりから、昔語り、神話などを口伝してきた語部《かたりべ》集団から派生して、お伽咄衆という文化人の集団が現れました。

各大名、姫や若殿、武家、公家には必ず〈とぎ〉をする役のものがついているのが普通で、秀吉には、大体、二、三十人のお伽咄衆がついていたといわれています。

お伽咄衆自体は副業的な仕事です。彼らは、僧であったり、茶人であったり、武士であったりと別の本業を持っていて、その道の情報に深く通じている人々がお伽咄衆となったのでした。

彼らの仕事は、仕える主君と話をすることですが、話芸を披露するわけではなく、武将の相談、教育役という生き字引的な役目を背負っており、時には軍事の参謀としても活躍しました。

忍者は鬼族のアルバイトだった

金属師、木地師、石工、行商人、芸人などから、専門に各地の情報を収拾したり、戦いのゲリラ・スパイ活動に従事したりするものとして忍者集団が派生してきました。しかしながら、本来、忍者という集団が、独自で機能していたかどうかは確かではありません。

鬼族の職として代表的な、芸能、行商、運送、聖、などは、多分に諜者《ちょうじゃ》活動ともクロスオーバーしていたことから考えれば、逆に忍者は、彼らの副業であったという可能性が高いのです。

忍者の変装には、よく行商人、飛脚《ひきゃく》、僧や山伏などが用いられたといわれますが、むしろ、それが本来の姿であり、戦国という特殊な時代を通して、副業の忍者活動を盛んに行っただけのことかもしれません。

伊賀《いが》忍者で有名な服部半蔵《はっとりはんぞう》も、服部〈はっとり＝機織り〉半蔵ですし、大猿、小猿も、小野猿丸系の語部芸人（小野猿丸という狩人が、太陽神を助けた功績で、死の汚れをよせない体になったという日本神話の体系に組み込まれなかった異端神話を伝承して人々に説く集団）を連想させます。

時代劇では、忍者同士が戦い、自爆して死んでいくような場面がありますが、実際の彼らは、もっとしたたかでした。

有名な伊賀、甲賀《こうが》の忍者は、敵味方に別れて壮絶な争いを繰り広げたといわれていますが、実際に現地にいってみると、伊賀と甲賀は目と鼻の先。いわばお隣さんです。本気で、戦っていれば、とてもそれ程近くには仕めないものです。

もともと伊賀の里には、伊賀や甲賀の忍者が互いに内通していた史料があります。ですから、互いに傷つけ合うような馬鹿《ばか》な真似《まね》はしませんでした。

忍者は死んだら自爆して、跡を残さないというのも、実際の忍者合戦で死亡者などが出なかったことの言い訳なのです。

いかにも、敵と味方のように装いながら、情報合戦に血道を上げる愚かな戦国大名を相手に、鬼達がボロ儲《もう》けの商売をしていたのが実情だったのです。

一体、本当は誰《だれ》が戦国を動かしていたのか?

誰が勝者と敗者を決めえたのか?

まだまだ、多種多様な鬼族がいます。

しかし、こうして一部を見ただけでも、彼らが情報と、物資の生産、流通を牛耳《ぎゅうじ》る戦国時代の立役者だったことは明白です。

武将の戦国とは、違う「鬼の戦国」が、そこに見えてくるのです。

戦国〝鬼〟事情の異変

職業地図でも分かるように、鬼族は元来、卑賤《ひせん》ではなく、むしろ特殊技能にすぐれた集団として存在していました。

しかし中世以降は「卑賤民」としての差別が強くなってきます。

それには、平地に下りてきた鬼の軍事化と、中央による彼らへの牽制《けんせい》が、差別や規制を生み出していったという過程があるのです。

史料によりますと、十世紀頃《ごろ》に「つわもの」と呼ばれる鬼族によって組織された武士的な集団が成立していたことが認められます。

その頃の頭領と配下の主従関係は現物支給の給与で成り立っていたようです。

それゆえ、戦いの折にも、一端敗北が決まると、算を乱して逃亡するなどの組織力の弱さが認められますが、主従の関係を繋《つな》ぐものが土地という不動のものになったため、この結託が強固で持続性のあるものになっていきました。

どういうことかといいますと、十世紀頃には中央に管理されない独立荘園というのがアチコチに出てきます。

農民と散所《さんじょ》が結託して、散所の持っている武力を楯《たて》に荘園主に反旗を翻《ひるがえ》したのです。

そして、軍事化しながら農業をする武士集団が発生していきます。

ですから、この頃の武士集団は、半農が一般的でした。

こうして九三九年の平将門《たいらのまさかど》の乱をきっかけに、武士勢力が台頭し、将門を朝廷の命によって討伐した平貞盛が平氏を掲げて、平清盛の時代になると名実ともに政治の実権を手中におさめることになります。これを快く思わなかった朝廷は、次に源氏の大将・源頼朝に平氏討伐を命じます。

源氏《げんじ》は、知っての通り清和《せいわ》天皇の子孫です。

清和天皇という人は、大変子だくさんで、皇族が多くなりすぎたので、養っていくことができず、親王達の一部を臣下に落として各地に赴任させました。

その中の一人が東国の荘園主となり、土着の野武士集団と血縁を結んで地域の支配者となったのが源氏です。

乱をおさめた頼朝は、朝廷から征夷《せいい》大将軍（鬼族全員を統率する頭領）に任ぜられ、鎌倉《かまくら》幕府を開いて全国の武士を、自分の下に統制しようとしました。

彼は、地域ごとに、田畑の知行《ちぎょう》と幕府や朝廷への租税を徴収する役を担う守護《しゅご》・地頭《じとう》を配属し、本来各地の「散所」のやってきた職権を奪うことによって、朝廷への危険分子を根絶やしにしようとしたのです。

これには、各地の「散所長者」に率いられた武士集団が黙っていませんでした。鎌倉時代には、全国に悪党《あくとう》と呼ばれる武装した無頼の徒が出現し、各地で合戦、闘争、狼藉《ろうぜき》、苅田《かりた》、苅畠《かりばた》、討ち入り、略奪などをほしいままにし、おおいに世相が乱れて、鎌倉幕府を衰退させたと記されています。

これが、守護、地頭制度に反発する「散所長者」の指揮であったことはいうまでもありません。

しかし、こうしたことがあったため、散所や鬼は決定的に危険視され、彼らに対する差別と規制は、ますます強くなっていったのです。

ここで、鬼族の間にも明暗がハッキリと出てきます。

この時点で富豪商人に成り上がっていたもの、あるいは富豪農家に成り上がっていたもの、皇族と繋がりのある源氏、平家、比較的武士集団として力を蓄《たくわ》えていたものは、武士の隆盛に従って脱卑賤を果たしましたが、他の層は一気に卑賤民と見なされていくようになったのです。

以降、時代は〈南北朝の動乱期〉〈室町《むろまち》幕府の成立〉〈一揆《いっき》時代〉と激動を続け、地方には〈貴族、社寺の散所勢力〉〈独立武士集団化した散所・農民勢力〉〈幕府の守護・地頭勢力〉〈浮動的な鬼勢力〉〈山岳・沿岸部のアジール勢力〉という五つの勢力が、複雑に入り交じって全国に分布することになりました。

戦国大名は、〈独立武士集団化した勢力〉〈幕府の守護・地頭勢力〉の中から次第に突出してきた権力者達です。

大名同士の争いが激化した戦国時代は、中央集権が弱まり、各地のゲリラ勢力の温床となっていました。

戦国大名は、鬼族を戦いの力強い助っ人として、情報の収集、物資の運輸、築城、武器製造、傭兵《ようへい》などにおおいに駆り出しましたが、一方で彼らのネックとなったのも支配外の鬼族でした。

こうした勢力を、誰が、如何《いか》にして数多く味方につけるかが、戦国武将の勝敗を決定する重要なキーだったのです。

大名達は、戦力増強のために、鬼族の人材確保に血眼《ちまなこ》になって動いた……。

秀吉の生まれた時代には、こうした背景がありました。このことを念頭に入れて、本題である〈秀吉〉の話に進むことにしましょう。

第三章

秀吉が鬼族を縦横無尽に駆使できた理由

秀吉のブレインはみな異能者だった

さて、異能者であった鬼族が、戦国大名の大きな力となったことは、前章で紹介しましたが、本編の主人公である秀吉も、多くの異能者に囲まれていた人物です。

天下を駆け登っていく秀吉の、初期のブレインとして活躍した異能者達にまず目を通して下さい。

蜂須賀小六《はちすかころく》——彼の正式名称は、蜂須賀彦右衛門尉《じょう》正勝。

尾張《おわり》国蜂須賀村を本拠地とする木曾《きそ》川沿岸の川並《かわなみ》衆を束ねる頭領でした。蜂須賀党は、独自兵力を持っていたので、野武士の集団ともいえます。

木曾川という尾張・美濃《みの》の水上交通の大動脈を掌握する彼は、戦国の尾張・美濃においては重要な人物でした。

織田《おだ》家や斎藤家から声が掛かるたびに、傭兵《ようへい》として動いたり、川並衆の情報網を駆使して敵方の動きを大名に注進したりしています。

秀吉ブレインの中で、水上交通、河川工事、野盗の得意とした奇襲戦法などを担当していました。

黒田官兵衛《くろだかんべえ》——近江源氏《おうみげんじ》佐々木氏の庶流で江州《ごうしゅう》伊香《いか》郡黒田郷の出身。

もともと武家といわれるが、祖父重隆の代までは何をしていたか、よく分かりません。重隆は「玲珠膏《れいしゅこう》」と名付けた家伝の目薬を製造し、広峰《ひろみね》大明神の神主と手を結んで、神効を宣伝して売り広め、気付け薬や馬の薬も製造販売したところ、見る間に人地主に成長しました。

黒田家は、神人や山窩《さんか》に通じる薬師《くすし》だったのでしょう。

おそらく行商人の情報網を使って、忍者活動も指揮していたはずです。

父の代になると、郎党二百人を率いる豪族にのし上がり、西播州《げんしゅう》の小寺政職に随身《ずいじん》し、姫路城を預かる家老職の身分となりました。

城主の小寺政職が、毛利《もうり》・三好《みよし》・織田のどれにくみするかと重臣を集めて会議をした時、官兵衛一人が織田家に服従することをすすめ、重臣達を説得したため、小寺家は織田家につくことになりました。

使者として織田家に赴いた官兵衛を出迎えたのが、秀吉であり、この時から官兵衛は秀吉に意気投合して臣下に下り、秀吉が姫路に到着した時には、自分の居城を秀吉に明け渡したといいます。

おそらく官兵衛はもとから秀吉と通じていたのでしょう。

黒田官兵衛は、情報収集による戦時下の参謀や、敵内勢力と通じて相手を内部から崩壊させる作戦を指揮していました。

安国寺恵瓊《あんこくじえけい》――毛利氏に滅ぼされた銀山城主武田氏の一族。落城後は剃髪《ていはつ》し、毛利氏の使者として、京都の情報の収集や要路との連絡、和平の交渉にあたっていた僧・恵心と法縁ができて弟子になりました。

まぎれもなく恵心は、「まつろわぬ民」の神人です。

やがて、恵瓊は師の代理を務めるうちに、毛利氏から一人前の使僧として認められるようになります。彼は東福寺の首座となり、足利義昭《あしかがよしあき》が、毛利氏の力をかりて京都へ戻ろうとした時に、信長の使者・秀吉と対面することになったのです。

この時、恵瓊は報告書に「信長は、高ころびにあおのけころばれる」人物と評し、秀吉に関しては「天下を手中にするさりとてはの者」と含みのある高い評価を与えています。「さりとてはの者」が一体何を意味しているかは、この章を読んでいただければ分かります。以降、恵瓊は秀吉の戦いの折の調停交渉に、全力で尽くして貢献するようになり、直臣《じきしん》なみの待遇を秀吉に与えられるようになります。

この他、秀吉には、近江穴太《あのう》に居住する石切りと呼ばれる職人集団や、山窩勢力、木地師、金属師、忍者集団が、彼自身の背後に控えていました。

秀吉軍の戦法と異能者

秀吉の名だたる大戦で、墨股《すのまた》の一夜城以外でも、いかに秀吉軍が異能者としての能力と人脈をフルに活用したかを見てみることにしましょう。

〈夜襲のこと〉

一五六八年、六角《ろっかく》氏との戦いで、秀吉は搦手口《からめてぐち》の攻撃を命じられました。

この時、用いられた作戦が夜襲です。

軍は三尺の大松明《たいまつ》数百本を山麓《さんろく》から中腹まで五十余箇所に用意し、暗くなった頃合《ころあ》いを見計らっていっせいに火を点じ、手に手に松明を振りかざして、喚声を上げて攻め入りました。

当時の合戦は夜明けに開戦となり、そのまま日没になれば引き分けにするのが常識です。

何故なら、照明のないこの時代では、夜の戦いは敵味方の判別がつきにくく、犠牲が多くなったため、戦力の殆《ほとん》どを占める傭兵《ようへい》が、大名から命令されての夜戦に、やる気を見せなかったからでした。

秀吉の夜襲は、奇抜というより、当時の合戦としてはあまりにも非常識だったがゆえに成功したのです。

秀吉軍が夜襲してきた時、六角氏の傭兵は、戦うまでもなく降伏しました。

秀吉軍が、傭兵達の体質をよく知っていたことでの勝利だといえます。

〈水攻め、兵糧攻め〉

明智光秀《あけちみつひで》が本能寺で信長を自害に追い込んだ時、秀吉は毛利氏とのたたかいで、高松城を攻めている最中でした。

高松城は沼と川に囲まれた要害の地・難攻不落の城といわれていましたが、秀吉は、その地理的条件を逆に上手に利用したのです。

秀吉は石工・木地師《きじし》集団に号令をかけ、川の流れについてはプロの蜂須賀小六に指揮を執らせて周囲に堤防を築き、高松城を水没させて、湖の中に孤立させてしまいました。

このため、毛利の援軍三万が到着したものの、手も足も出ず、対峙《たいじ》するばかりとなりました。

後は、毛利側の兵糧《ひょうろう》が、底をつくのをじっくりと待てばよかったのです。

この時、なぜか（その理由は後に紹介したいと思います）、秀吉だけがいち早く信長の死の知らせを受け取ったのです。

秀吉は主君のかたき光秀を討つため、即座に動くことを決意し、この情報が他にもれないように、飛脚をすべてストップ。陸路も海路も封鎖して、もと毛利氏の使僧であった恵瓊を介し、毛利氏との和議を瞬時に取り決めたのです。

すでに毛利氏が信頼する恵瓊を、自分の懐刀にして毛利の情報を詳細なまでに把握していた秀吉にとって、高松城の攻略作戦も、その後の和議交渉も、すべて計算されつくしていたのだと考えられます。

秀吉の兵糧攻めによって、互いの人肉を食いあうまでの地獄絵図が繰り広げられたことで有名なのは、鳥取城でした。

秀吉は、戦う前から、敵城内の食糧貯蔵量を把握しており、食糧路を、水運、陸運ともに封鎖してじわじわと食糧が底をつくのを待ったのです。

しかも、自分の陣営には行商人や芸人を招き入れ、市を立てて酒食を売らせ、歌や踊りで騒ぎ立てました。

このドンチャン騒ぎを見せつけられたから、食うものもなかった城兵達はたまりません。

苛立《いらだ》ちの余り、戦う意欲も失せ、城内の風紀は乱れに乱れ、殺し合いすら始まりました。

秀吉軍が入城した時には、ただの一兵卒も残らず彼らに逆らう気力を失っていたのです。

〈小牧《こまき》・長久手《ながくて》の戦いの怪〉

一五八四年、織田信雄《のぶかつ》と家康の同盟軍と秀吉軍がぶつかりました。

この時、家康軍は実質的には秀吉軍に勝利しながら、最後まで勝敗を決さず、結局、信雄と秀吉の和睦《わぼく》でことを治めています。

なんとも妙な話です。

これには、次のような経緯がありました。

家康軍は、家中に列した伊賀《いが》忍者の頭領・服部《はっとり》正成が駆使する伊賀忍者の活躍で支えられていました。

小牧・長久手の戦いで、信雄が陥落させた松島ケ城の守衛を、家康が送り込んだ伊賀・甲賀三千余名にまかせていた時のことです。

この時、つわもの服部正成は、強者の忍者群三千余名を率いていたにもかかわらず、秀吉が海上封鎖を図って糧道をたったというだけの理由で、わずか三日で開城してしまったのです。

そして何故か、秀吉も又、わざわざ船舶を提供してまで彼らをことごとく、尾張に帰還させました。

家康にしてみれば、自分の配下であるはずの伊賀忍者団が、何故か秀吉軍と通じている実態をまざまざと見せつけられて、総毛立ったに違いありません。

三年前に織田信長が伊賀乱入を果たした時には、一国焦土と化すまで激闘奮戦してみせた伊賀者が、余りに呆気《あっけ》なく秀吉軍の前に撤退したことは謎《なぞ》とされていますが、それも後に紹介する秀吉の正体が明らかになれば、おのずと解けてきます。

〈早駆け〉

信長自害の知らせを受けた秀吉は、明智《あけち》光秀を討つために、備中《びっちゅう》高松から富田に軍を移動させました。この時、二百キロの道のりを、僅《わず》か五日で移動してしまったのです。

驚くべき機動力といわねばなりません。

秀吉軍は一日にして移動距離四十キロ、時速四キロで一日十時間走ったことになります。

このほか、柴田勝家《しばたかついえ》と雌雄《しゆう》を決した賤ケ岳《しずたけ》の戦いでも、驚異的な早さで、軍が移動しています。これに関して、後世の研究家は、透破《すっぱ》と呼ばれる諜者《ちょうじゃ》を早駆けさせたとか、重装備を高松に残して、道々の至るところに水やにぎり飯を準備させ、兵士を長距離走者のごとく駆けさせたなどの様々な臆測《おくそく》をしてきました。

しかし、一日に四十キロを五日間走りつづけた兵士が、戦いで使いものになるかどうかを考えたとき、秀吉軍が徒歩で移動したと考えることが、如何《いか》にナンセンスか気

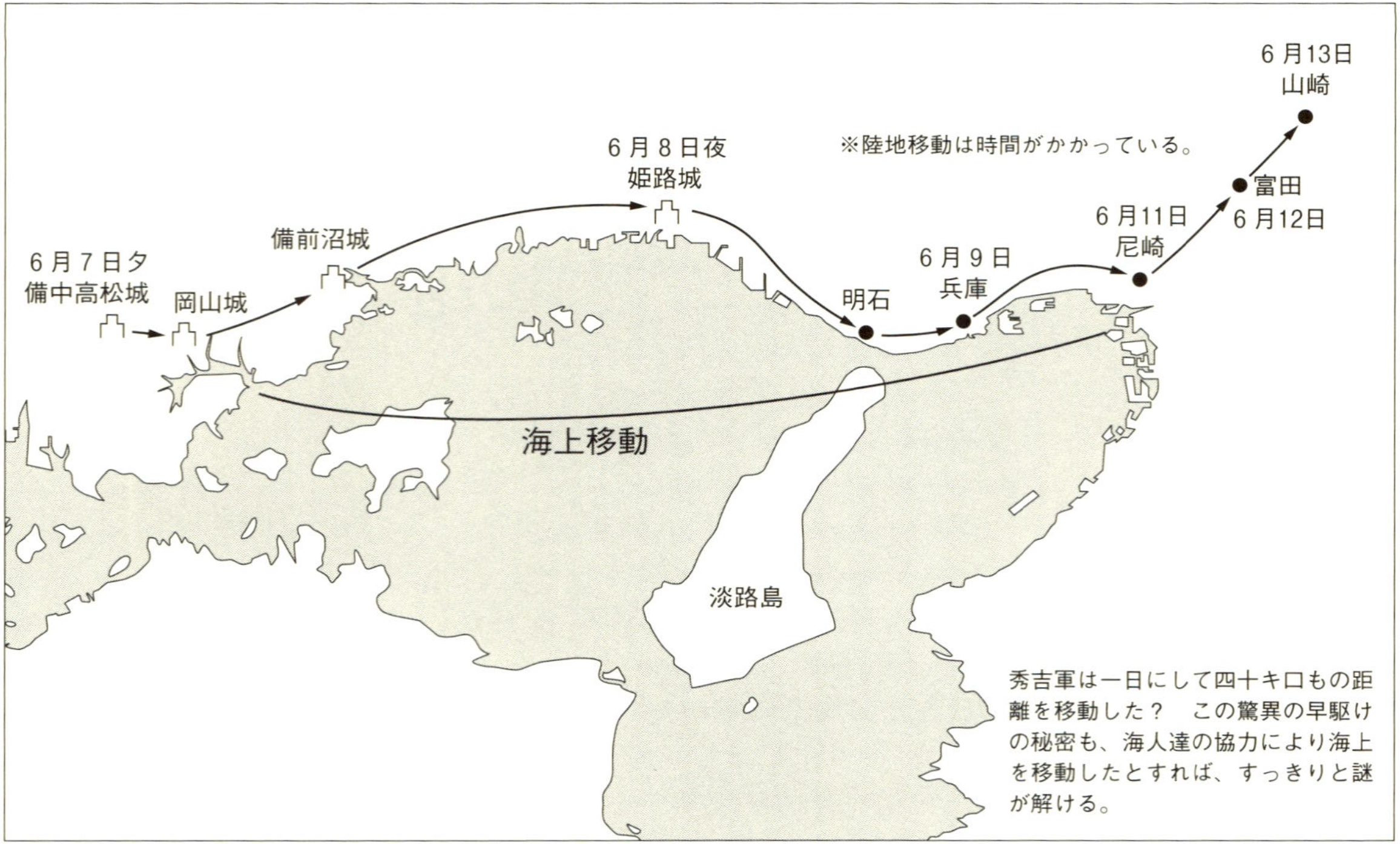

秀吉軍は一日にして四十キロもの距離を移動した？　この驚異の早駆けの秘密も、海人達の協力により海上を移動したとすれば、すっきりと謎が解ける。

賤ヶ岳の戦い

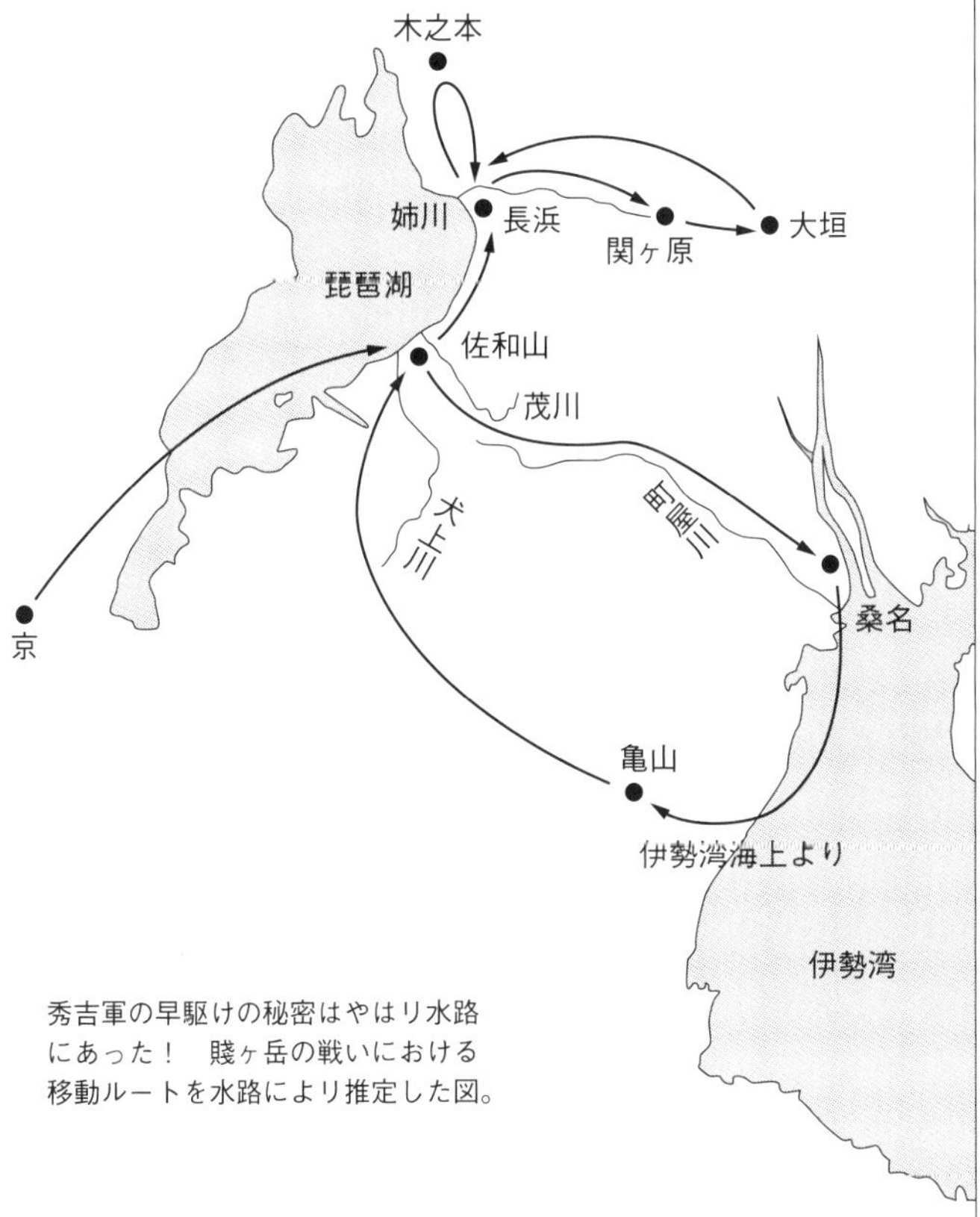

秀吉軍の早駆けの秘密はやはり水路
にあった！　賤ヶ岳の戦いにおける
移動ルートを水路により推定した図。

づかないのでしょうか？

『太閤記《たいこうき》』などの史料に、あまりに秀吉軍の徒歩行進がリアルに書かれているため、どうしてもその既成観念から抜けられないのだと思います。

前頁の秀吉軍移動図を見ても分かる様に、秀吉軍は湾岸沿いに移動しています。

すなわち、主力部隊は海人《あま》族の協力を得て、船で移動していたに違いありません。

秀吉軍の機動方法が、水路だったという仮説は、賤ケ岳の戦いをみても成立します。

まず、秀吉軍は京から琵琶《びわ》湖の水路を経て佐和山《さわやま》城に入り、犬上《いぬかみ》川経由で町屋川を利用して桑名《くわな》城に到着します。

ここから海路で亀山《かめやま》城に、亀山城から佐和山へは徒歩で、さらに木之本へも琵琶湖水路で、大垣へは姉川水路を利用することができたのです。

こう考えれば、秀吉軍の〈早駆け〉の謎が、すんなりと解けるのです。

大名経済を裏で支えた鬼族

戦国時代の合戦を、異能者集団の動きを知ることなしに理解するのは不可能です。

戦国大名の財政にしても、異能者達が鍵《かぎ》を握っていました。

戦争は、いつの世も金のかかるものです。武器の調達、傭兵の給料、出費を数え上げればきりがありません。

金がなければ戦争はできず、戦国大名の実力は、金次第で決定したといっても過言ではないでしょう。

当時の大名の収入源は、まず領地の米の生産によって得られる年貢《ねんぐ》。田畠《でんぱた》にかけられた段銭《たんせん》。領民《りょうみん》が入る家屋《かおく》にかけられた棟別銭《むねべちせん》などによる収入です。

戦国の強豪大名の殆どは、こうした収入の大きかった国から出ています、しかし、こうした財源の低い国でも、武田信玄《たけだしんげん》のように強豪武将になるものもいます。

実は、その秘密は、武将の抱える異能者人脈の有無にありました。

例えば、武田信玄の場合は、重臣の一人で、武田の縁者でもある、金属師出身の穴《あな》山梅雪《やまばいせつ》によって、金山から産する膨大な金を、当時の先端技術「灰吹法《はいふき》」という精錬法で増産することができたのが、強豪大名になれた要因でした。

今川氏の場合はというと、商業振興政策をとり、職人、商人などの異能者を集めて、集住地帯を作り、その保護と統制を積極的に推進して、城下町の豪商と手を結んで領地を栄えさせました。

海人族や水上交通を牛耳《ぎゅうじ》る勢力を味方につけ、対外貿易の生み出す利潤で強豪大名になったのが、島津《しまづ》、大内《おおうち》、松浦《まつら》などの大名です。

金策方法の中でも変わっていたのは、畠山《はたけやま》家でした。

畠山尚順は、堺《さかい》の豪商「べに屋」の娘が、京下りの若い公家《くげ》と密通していることの情報を仕入れ（おそらく、行商人を兼ねる諜者によって仕入れた情報）それをネタに「べに屋」を恐喝したのです。

「べに屋」は慌てて、一万貫の矢銭《やせん》を畠山尚順に提供しました。


しかし、不思議なのは、これほどまでに力を持っていた鬼族を、秀吉が信長という一大名の家臣でしかなかった時から、動かしていたという事実です。

それも、秀吉の大戦の仕方を見れば分かりますが、いくら鬼族でも、一つや、二つの勢力では、不可能な戦略を成し遂げています。

例えば、秀吉が一日で城を築いたという有名な石垣山城の場合を見てみましょう。

一日というのはオーバーですが、史料をみると、インスタントとはいえないような非常に立派な城を、一日六万人の人員を投入して、百日かけて築城しています。

百日といっても、当時とすれば驚異的な早さです。しかも六万人という作業する人々を、いつも乱れず統制していかねばなりません。それだけの統制にたずさわる技術者もいて、初めて成り立つ計画なのです。

秀吉の兵糧攻めにしても、陸路、水路を封鎖したと簡単にいいますが、敵領地内の陸路、水路を統括している鬼族を指揮下に入れなければできない戦略です。

それが簡単にできることなら、他の大名も頻繁に作戦に取り入れているはずですが、当時それができたのは秀吉だけだったということです。

秀吉は、いったいどれだけの鬼族を動かすことができたのでしょう?

さて、ここで秀吉の本当の正体が問題になってくるのです。

例の一寸法師の件を思い出して下さい。

鬼族・秀吉の正体

『太閤素性記』や『太閤記』では、秀吉は天文《てんぶん》五（一五三六）年丙申《ひのえさる》一月一日，尾張国愛智（中世以降は愛知）郡中村に誕生したと記されています。

しかし一方、秀吉の直話（祐筆《ゆうひつ》　大村由己《ゆうこ》記録）には、天文六年丁酉《ひのととり》二月六日生まれ、あるいは秀吉の軍師・竹中半兵衛重治の子重門の書いた『豊鑑』にも、天文六年丁酉生まれと記されているところを見ると、秀吉は天文六年丁酉二月六日に生まれたとみるのが正しいようです。

後年、秀吉自身が編集させた『秀吉古事記』における母・仲《なか》を萩《はぎのちゅうなごん》中納言の娘、父を天皇とする説を例外として、一般には、実父は木下弥右衛門《やえもん》（天文十二年一月死亡）という、織田家に仕えていた鉄砲足軽だったといわれています。

弥右衛門は合戦で足に傷を負ったため、引退して中村で農業をいとなむようになり、秀吉の母・仲と結婚しました。

近年、京都天竜寺書き出しの「木下家系図」が現れたことによって、弥右衛門が天文十二年一月二日に死亡したことが判明し、当時、秀吉七歳、弟小一郎三歳、妹朝日姫一歳であったことが知られるようになりました。このため、秀吉の実父が弥右衛門という足軽であり、天文十二年の一月二日に死亡したことが事実として定着しようとしています。

秀吉の出身とされる尾張国愛智（知）郡中村ですが、秀吉が信長に命じられ、最初の領主となった近江の地にも愛智という地名があります。

これは、偶然ではありません。

古い地名は、土地に住まう氏族に共通する名称が多いことからも、秀吉の出身の愛智と近江の愛智は、共通の氏族によって形成されていたと考えられます。

ですから、信長は、土地の事情に通じた適任者として、秀吉を近江の領主にしたのです。

近江の愛智には、木地師や石工、金属師の集団がいました。

近江の愛智には、金属師として有名な秦《はた》一族の藤堂《とうどう》や蒲生《がもう》氏も多くいますが、もともと、近江は鬼族・葛城氏《かつらぎ》が多くいた国です。

葛城氏は、雄略《ゆうりやく》天皇の時代まで、倭朝廷《やまと》を脅《おびや》かすほどの力を持ち、その後、一部は追われて近江に移住していきます。

京都から「鬼が住む」と恐れられた鬼門の方位は、近江だったのです。

尾張国にある熱田《あつた》神宮には、天皇家の三種の神器〈草薙剣《くさなぎのつるぎ》〉が納められていることから分かるように、熱田神宮と伊勢《いせ》神宮には深い繋《つな》がりがあり、葛城氏と伊勢の神人・猿女《さるめ》氏（伊勢神宮に舞を持って仕える一族・伊勢の古王族）は同族です。

伊勢神宮には、遷宮と呼ばれる二十年毎に新しい宮殿を造営して御神体を移しなおす習慣があります。

この時、造営に使う特別な材木は、神宮の背後の山から切り出されることになっていますが、神宮背後の阿蘇《あそ》山に秀吉の出身地と同じ、中村という地名が存在しています。

一時、伊勢神宮では、尾張から木曾川を使って造営に使う材木を運ぶ計画があったといいますから、伊勢神宮の背後の山にある中村と、秀吉の出身の中村には強い結びつきが感じられます。

これらを総合すると、近江愛智や尾張愛智という土地は、木地師・石工集団・金属師……特に中村は、神殿の造営に従事する特殊な集団が居住していた土地だと考えられ、そのことからおそらくは社寺の「散所」に類するものだったと考えられるのです。

弥右衛門が死んだ後、仲は竹阿弥《ちくあみ》という男と再婚しました。

彼は、秀吉の養父となるわけですが、養父の竹阿弥という名前は農民の名ではありません。

阿弥号は、鬼族の中で、同朋衆《どうぼうしゅう》といわれる職業的集団が、好んで用いた称号でした。

同朋衆とは、一芸をもって僧侶《そうりょ》姿で、大名や国主の座興の席に侍《はべ》る芸人をいいます。

一口に同朋衆といっても、下っぱの太鼓持ちに近いものから、能の観阿弥《かんあみ》、世阿弥《ぜあみ》のような芸人、芸人と称しながら武将の参謀となるお伽《とぎ》咄衆、諜者（忍者）のような役を演ずるものまでいます。

僧侶姿は、こうした同朋衆達の隠れ蓑《みの》であり、彼らは下級の神人として、特殊な特権階級を形成していました。

竹阿弥が、どの程度の身分の同朋衆であったかは定かではありませんが、史料によれば「茶同朋」＝〈茶の湯の席に侍って、雑役をする者〉だったといわれています。

竹阿弥は、茶に係わっているのですから、相当力のある鬼だったに違いありません。農民、足軽などといわれていた秀吉の出身地は、「散所」であり、養父は鬼族だったのです。

実父・弥右衛門は金属師だった！

中村が社寺の散所であり、養父が、「散所」の同朋衆であったとすると、秀吉の実父といわれる弥右衛門も、足軽や農民ではなく、金属師ではないかという疑いが出てきます。

なぜなら、鉄砲が種子島《たねがしま》に伝来したのは、弥右衛門が死んだ後の、天文十二年八月ですから、弥右衛門が生きていた当時、鉄砲足軽という職は存在しえません。

秀吉の出生には鬼の血筋が深く係わっている!

木地師、石工集団、金属師、さらには茶同朋まで、秀吉をめぐる血縁者はほとんど鬼族出身だった！

弥右衛門が金属師であったため、鍛冶《かじ》―鉄砲と結び付けられ、玉傷で引退したという話が創作されたのでしょう。

多分、弥右衛門は、金属師としての作業をしている途中の事故か何かで、足を怪我して農業をいとなむようになった……ぐらいが真実です。

もう一つ、興味深いのは、尾張国愛智（知）郡中村の土地を構成していた氏族である秦《はた》一族・葛城氏・猿女氏などが、忍者の主流を形成していたという歴史的事実です。

風土記、『伊賀国号』には、興味深い事実が記されています。

伊賀国は、もともと伊勢の風速の地（猿田彦が治めた、伊勢の風神信仰があった地域）に属するものであったのが、神武天皇の時代に現在の伊賀に分断されたという記述です。

忍者の国として有名な伊賀は、伊勢から朝廷によって現在の地に分割され、伊勢の国津神《くにつかみ》（猿女氏族の豪族）伊賀津姫・伊賀津彦が支配していた。

さらに、伊賀の忍者の歴史では、聖徳太子の時代、秦一族の一部を伊賀に入植させ、土地の豪族とともに間諜組織を作ったのが忍者の始まりとされている。

彼らによって忍者組織が形成された原因は、その石工・木地師・金属師としての技術力によるものであった。

すなわち忍者は、大量に消費される忍術や戦闘に用いる道具を、即時に生産していく能力を持っていなくてはならなかったからである。

伊勢―尾張―伊賀を結ぶ地域は、忍者地帯であったと考えてよい。

どうやら、秀吉の実父・弥右衛門も、養父・竹阿弥も、時には諜者としても活躍した鬼族の実力者・茶同朋衆や金属師であったということです。

家康の秀吉に対する奇妙な遠慮も、伊賀忍者を重用した家康と、その道に強い人脈を持つ秀吉との微妙な駆け引きと関係しているのではないでしょうか？

さらに、戦略で見せた高度な土木事業は、彼自身が、建築士や木地師、石工、金属師などの技術者だったことを物語っています。

秀吉が、信長に仕えて直ぐに、燃料自給のために、植林を推進したり、大坂城築城の時には、稲荷神《いなり》（木地師・石工・金属師の神）を守護神にしているところにも、秀吉の鬼族としての側面が現れているのです。

また、スペイン人フェルナン・ゲレイロ編『一六〇〇年報』のなかの「日本の君主太閤《たいこう》さまについて」には、以下のような記述がみられます。

信長が鷹狩《たかが》りにいく途中、鷹が足に縄をつけたまま放たれ、高い木の上で足の縄が絡みついた際のことである。

信長は秀吉を呼んで、急いで木に登ってほどいてやるようにいいつけた。

秀吉は、まるで大きな猿のように、きわめて身軽にそのことをやってのけた。

こんなことがあった上に、秀吉の人相が極めて猿に似ていたので、人は彼を猿と呼ぶようになった——

これは秀吉の「猿」の呼称の由来を紹介したものですが、秀吉が大変身軽で、木に猿の様に登ったという点に注目したい。

こうした身軽さや、木登りの巧みさに、彼の忍者、木地師としての顔が現れている。

信長はなぜ秀吉に異常に甘かったのか

信長は気性が荒く、非常に猜疑心《さいぎしん》の強い男で有名でした。

それが何故か、素性の知れぬ男・秀吉には無二の信頼を置き、一介の草履《ぞうり》取りから全軍の総指揮を任せるまでに取り立てたといいます。

しかも他の武将なら、怒りをかって懲罰《ちょうばつ》を免れないような秀吉独自の判断による行動も、苦笑いをして「あの猿め！」というだけで不問に付すのが常でした。

秀吉の正室・禰々《ねね》が信長へ秀吉の浮気直訴を起こしたときの、信長の反応なども妙です。

織田信長像　長興寺蔵

秀吉が北近江の支配を任されて暫《しばら》くたった天《てん》正《しょう》四年、禰々は単身で信長を訪ねました。

用件は、当時、秀吉の浮気が酷《ひど》く、秀吉にかまってもらえない禰々が業を煮やし、信長に秀吉を窘《たしな》めてくれるようにと頼むためでした。

臣下の妻が、その主人に夫婦の揉《も》め事を直訴するなどということは、いくら戦国武将の女房が強かったとはいえ、非常識な話です。

ところが、信長は禰々を労《ねぎら》い、長浜に帰ったのちの彼女に一通の手紙を送ります。

仰《おお》せのごとく、こんどこの地へはじめて越し、見参に入り、執着に候（中略）藤吉郎れんれん不足の旨申すのよし、言語道断、曲事に候か。いずかたをあい尋ね候とも、それさまほどのは又二たびかの禿鼠あい求めがたき間、これより以後は身持ちを陽快になし、いかにもかみ様なりに重重しく、りんきなどに立ちいてはしかるべからず候。

但し女の役にて候間、申すものも申さぬなりに、もてなししかるべく候。なお文体に羽柴に拝見乞い願うものなり。——

「藤吉郎が絶えず不足を言うそうだが、とんでもない、けしからんことだ。どこを探そうと、そなたほどのよい女を、二度とあの禿鼠が見つけられるものか。今後はそなたももっと自信を持つがよい。明るい心持ちで、正妻らしくどっしりと構え、まちがっても焼き餅を焼いて、気を滅入らせたりせぬがよい。
但し女の役目だから、言いたいことを言わせぬとはいえ、夫の世話をしてやるように。なお、この手紙はぜひ羽柴に読ませて欲しい」

これを読めば、りんきを起こした禰々を、信長がけんめいに慰めている様子がわかります。この一件は、過去の研究家によって、禰々が秀吉や信長も手をやくほど、珍しく勝気で行動的な女性だったとして片づけられてしまいました。

しかし、それだけの理由で、女子供を「なで切り」にすることも平気で、家臣達をも震え上がらせていた信長が、臣下の女房の機嫌をホイホイと取ったとは思えません。
そうではなく、秀吉と信長に、傍目《はため》以上の対等な関係があったからこそ、禰々が信長への直訴を行い、それに答えて信長が手紙を出したと考えたほうが妥当です。

秀吉は、信長と対等以上の力関係にあった!!

中村は、山のアジールを形成している山窩《さんか》勢力とも、密接に繋がっていたはずですから、非常に勢力のある「散所」だったことが想像できます。

当時、こうした「散所」は、武士を名乗ることが許された半農の土豪と呼ばれる散所長者達によって束《たば》ねられていました。

秀吉の母・仲の実家や仲の従姉妹が嫁いだ加藤家は、土豪であったと考えてよいでしょう。さすがの織田信長も、直轄地以外の「散所」の土豪には弱かったのです。

世間的な身分こそ低いものの、製鉄、土木、食糧の生産と輸送などを全面的に統括しているこの職業集団の機嫌をそこねれば、武器の調達も、食糧の調達もままならないことになります。戦時下の武将にとって、これは致命的なことでした。

この頃、木曾の川並衆一千余名を率いる川並の頭領・蜂須賀小六は、織田信長や信長の敵である斎藤道三などの武将に臨時雇いを申し入れられて動いていますが、敵味方関係なく動いていることでもわかるように、臨時雇いの申し出を受けるか否かは小六の胸三寸です。報酬や大将が気に入らなければ断ったり、本気で動かなくとも支障はありません。

「誰かの家来になるなど、真っ平御免《まっぴらごめん》。いやがおうでもというなら、一戦交えよう」という気儘《きまま》な立場を取っています。

木曾川の川並衆とは、本来、木曾御岳《おんたけ》から切り出される木材の水運に従事する集団であり、尾張・美濃の水上交通の大動脈ともいえる木曾川を制することで、辺り一円の水上交通を統括し、海人《あま》達を利用しての情報収集にも優れた力を持っていましたから、大名にとっては味方に付ければ頼もしく、敵にすれば怖い存在でした。

信長は、墨股以前も斎藤攻めを何度か試みていますが、木曾川を渡れずに七年をついやしています。

つまり、蜂須賀小六を自分の味方に引き入れることができなかったということです。

小六は、大名・信長すら鼻であざ笑っていたにもかかわらず、信長からの墨股築城の命令を携《たずさ》えてヒョコヒョコとやって来た一足軽頭だった秀吉に、自ら家来になることを願いでています。

神殿造営に関係する散所の秀吉と、それに必要な木材を水運する川並衆の頭領・蜂須賀小六。

二人の関係が、職業的関係で深く結びついており、もとから利害を共有する者同士だったとはいえ、一千余名という鬼族を率いる気位《きぐらい》の高い川並の頭領が、信長の一家臣、それもさして身分もない男の家来になることなどは考えられないことです。

それというのも、彼らの社会は、非常に上下の身分がハッキリとしているからです。たとえば「散所」を見てみますと、「散所の民」にとって、長者の命令は天皇の命令、大名の命令以上のもので、完全服従が基本です。服従しなければ、「散所」独自の法で、残忍な処刑が執《と》り行われます。

逆に「長者」が、下の者の声で動かされることなど一切ないといっても過言ではありません。

山窩の世界でも、明治の初期までこうした形態が保たれていました。

山窩集団を率いる長は、山の神を祭る神職を兼ねています。

大概《おおむね》、月に一度、山頂の社で神事が執り行われますが、その日に山の麓《ふもと》から頂《いただき》まで、長が巡回して、自分の民を見回る習慣があります。

山で伐採や、炭焼きに従事する山の民達は、この長の見回りに対して、大名行列に伏する人々のように、土下座をして出迎えていたのです。

その際、下の民が長に声をかけることすら、原則的に禁止されているといった具合でした。

こうしたことを踏まえた場合、秀吉は小六以上の「散所長者」だったか、さらに上の身分を持っていたと考えなければなりません。

当然、信長は、蜂須賀小六を臣下にしてしまえる秀吉に対して、他の家来に対するような、遠慮のない扱いをするわけにはいかなかったのです。

むしろ、秀吉を頼りにしていただけに、敵に回すことを恐れ、異常な早さで昇進を許可していったと見るべきでしょう。

禰々《ねね》が平気で主君の信長に秀吉の浮気をぐちり、りんきで残忍な武将といわれた信長が、仕方なく夫婦喧嘩の仲裁にまで入ったのは、秀吉と信長が心理的には主従というよりも、同盟に近い関係であったからなのです。

第四章

日吉山王・勧進聖が秀吉の正体だ！

母・仲に隠された神人の系譜

秀吉の母・仲の実家は、関氏といい、父は関弥五郎、尾張国愛智郡御器所《ごきそ》村の禰宜でした。

神職ということで、先に記したような「散所長者《さんじょのちょうじゃ》」としての条件が満たされていることになります。御器所というぐらいですから、木地師の集団の長者だった様です。彼は社寺造営の建築士だった可能性があります。

関弥五郎の系図を繙《ひもと》くと、長女が杉原家（秀吉の正妻・禰々《ねね》の実家）に嫁ぎ、三女は青木家（その子一矩は紀伊守《きいのかみ》となる）四女は加藤清正と、いずれもそこそこの武士の家に嫁いだことになっています（武家といっても、実態は土豪でしょうが）。

秀吉の父・木下弥右衛門は、後の安芸《あき》・広島城主、福島正則《ふくしままさのり》の実父・星野新左衛門の兄弟であることが、『落穂集』に記述されています。

すると、弥右衛門は、星野弥右衛門ということになり、木下ではありません。

では、木下という苗字はいったい何処《どこ》から出てきているのでしょうか？

実は、関弥五郎の長女が嫁いだ杉原家は、別称を木下といいます。

どうやら仲は、姉の嫁いだ禰々の実家・杉原家の別称〈木下〉家の跡取り娘として嘱望されていたようです。

仲の二度目の夫・竹阿弥も、入り婿《むこ》として迎えられていますから、弥右衛門は、竹阿弥同様に婿養子だったのでしょう。

ですから、農業をしていた弥右衛門が仲を娶《めと》ったというような構図はなりたちにくく、土豪・杉原家に、跡取り娘として嘱望された仲に農地と家が贈与され、金属師・弥右衛門や同朋衆・竹阿弥が婿として迎え入れられたと考えるべきです。

杉原家はよほど仲を気に入ったらしく、さらにその繋がりを強固にする為に、仲の姉から見れば孫にあたる禰々を仲の長男・藤吉郎に嫁がせたということになります。

こうなってくると、『太閤記《たいこうき》』などに見られるような、農民出身の秀吉が、当時信長の弓衆として名の知れた武家・杉原家の娘である禰々に岡惚れして、足しげくかよい、むりやり口説き落として婚礼を上げたというような経緯とは大分話が違ってきます。

秀吉が草履取りから信長に取り入ったという逸話も、成立しません。

おそらく藤吉郎は、当時、信長の弓衆をしていた助左衛門の口利きで、信長に仕えるようになったのが真相です。

どうやら、秀吉の生涯として語られる『太閤記』などの史料は、かなり眉唾もののようです。

藤吉郎が信長に仕えた年齢ですが、十八才という通説には自然と無理が出てきます。藤吉郎が禰々を妻にしたと言われるのが二十五才ですから、助左衛門の口利きで信長に仕えたのだとすれば、その後のことだと思われます。

客観的な資料で、信長の家臣として木下藤吉郎秀吉の名前が登場するのは、永禄八年（秀吉二十九才）の時ですから二十五才から二十九才の間に、藤吉郎は信長と出会ったのでしょう。

しかし、何故、杉原家（木下家）はそれほどまでに仲や藤吉郎に執着したのでしょうか？

系図を見ても、わざわざ嫁の妹に木下を継がせるほど跡取りに困ったとは思えません。

にもかかわらず、女の仲に、杉原の別称である木下の姓を独立して継承させ、当時美貌《びぼう》で評判だった禰々を、藤吉郎に輿《こし》入れさせているのです。

日吉山王で修行した秀吉

いっそう謎《なぞ》に包まれてくるように見える秀吉の正体ですが、これまで出てきた出生に係わる暗号を繋《つな》ぎ合わせていくと段々と彼の素性がハッキリしてきます。

まず、秀吉の出生は近江《おうみ》と深く係わっています。

出生地愛智《あいち》は、近江の愛智《えち》と結ばれ、伝承で秀吉が信長以前に仕えていたといわれるのが近江城主松下加兵衛です。初めて領地として支配したのも近江。

この答えになるのが、秀吉の守護神を、近江（現在の滋賀県・大津・坂本）にある日吉《ひえ》大社とする伝承です。

日吉大社は日吉山王《ひえさんのう》とも呼ばれ、山の神を祭っているのですが、太陽神・猿田彦《さるたひこ》の信仰があったところです。

秀吉は、母・仲が、この日吉大社に男子出産を祈願して、日輪が体内に入る夢を見て生まれたと伝えられています。

秀吉の幼名〈日吉丸〉はここから来ていますし、系図にしるされた名前・藤吉郎の〈藤〉は日吉大社の御神木。信長が呼んだ彼のあだ名〈猿〉も日吉大社の山の神のお使いです。

ここには、ちゃんとした統一性があるわけですから、「日輪伝説」は自分を神秘化しようとする秀吉自身の単なる創作だったわけではなく、秀吉は一般的にも、日吉大社の神の申し子と考えられていたのだと考えるべきです。

太閤になってからの彼は、自分の側近などに親しく身の回りの話などをしますが、自分の幼少期や流浪生活のことは何一つ語りませんでした。

秀吉が黙秘を通した信長に仕えるまでの期間というのは、母方の近江の縁者に預け

日吉丸の幼名は、山の神・日吉大社と関係あり!

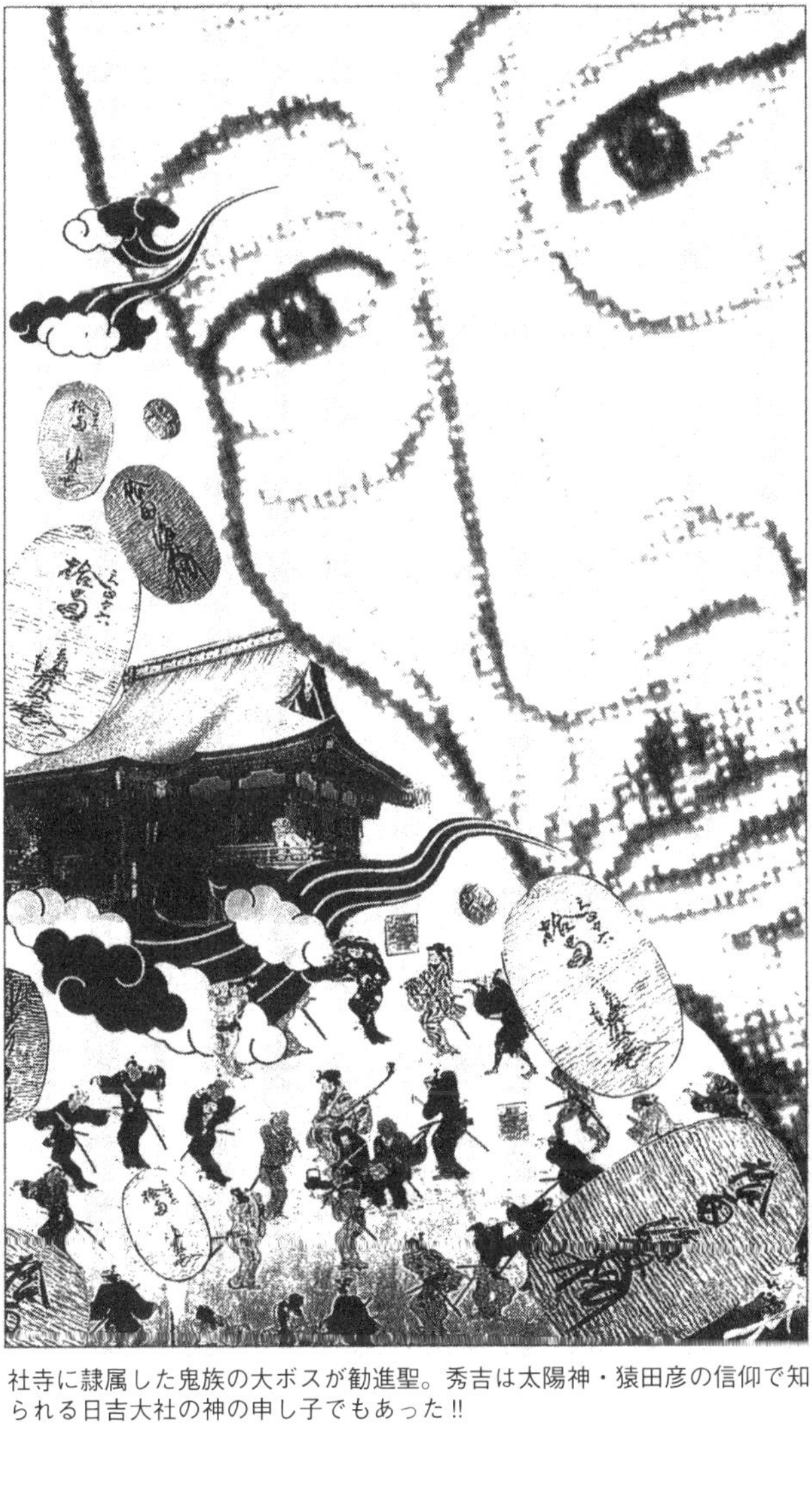

社寺に隷属した鬼族の大ボスが勧進聖。秀吉は太陽神・猿田彦の信仰で知られる日吉大社の神の申し子でもあった!!

られ、日吉大社で神人として活躍していた時期なのではないでしょうか？

秀吉が、日吉大社の神人達と、深く結びついていたことは、織田信長が僧三千人を殺したといわれる比叡山《ひえいざん》焼き討ちのときの事情によく現れています。

比叡山は、本来、日吉大社を中心に形成された山の神の信仰の場に集う山窩《さんか》達を支配して、朝廷に協力させる目的で建立されたものでした。まさに鬼門封じです。

ですから、比叡山には日吉大社の神人達が、社寺の下級神人として奉仕していました。

史料を見ると、女子供も含めて比叡山にいる僧とその関係者全員を根絶やしにしたといわれるこの合戦の中で、秀吉が受け持った部分でだけ、僧の逃亡が黙認されています。

秀吉は、自分の縁者をこっそり逃がしているのです。

山岳の神人達はなぜ蔑まれたか

ここで大社寺と、そこに隷属していた下級の神人達について考えてみなければなりません。下級の神人といっても、もとは山の信仰を担う誇りある行者達です。

しかし中央による信仰の統一と覇権が進み、大社寺が朝廷の肝煎《きもい》りで徐々に彼らの土地に進出してくるようになると、両者は折衷《せっちゅう》妥協しあいながら共存していくようになり、社寺に散所が形成されました。

秀吉の頃の鬼族は、一部のものを例外として、蔑視《べっし》されていました。筆者の家も山窩です。同じ民族を蔑称《べっしょう》でよぶのには怒りを感じざるえません。

社寺に隷属した彼らは、決して社寺の上位の地位を与えられません。よほどうまくやらない限り、出世は朝廷派遣の僧侶のものなのです。

普段の彼らは、技能を生かし職人・商人・芸人・呪者などとして生活をしていますが、祭礼の時や、社寺の増改築の時だけは下級神人として活躍します。あるいは昔は、社寺も武装して、敵対勢力と闘争を繰り返していましたから、こういう時に前線にたち、僧兵として働くのが彼らなのです。

その中の大ボスの一人が、先ほど少し説明した勧進聖《かんじんひじり》です。空海などは、明らかに勧進聖を前身にしていると思われますが、中央に進出してきた人物の出自が、鬼の一族であったりしてはまずいわけです。ですから徹底的に、そういうことは史料から削除されていきます。秀吉の場合も同様の操作が行われたのでしょう。

日吉大社の神人集団は、小野猿丸系と呼ばれる神人集団によって構成されていました。

秀吉の〈猿〉は猿丸の猿・猿田彦大神の猿であり、伊勢の猿女《さるめ》氏の流れを汲《く》む信仰の民です。彼らは『古事記』とは別系の神話の語り部であり、金属師でもあり、狩人として生活していました。

小野猿丸は、山の神の化身ですが、他にも万三郎とか狩場明神という別称があります（狩場明神は空海を高野山に導いた山の神として有名です）。

小野猿丸の神話は次のようなものでした。

日光権現《ごんげん》は背に金星のある鹿《しか》と化して無双の弓取り小野猿丸を二荒山《ふたらさん》までおびき寄せ、そこで姿を現して赤城山の神との戦に加勢をこう。

いよいよ神戦の日となり、日光権現は大蛇に、赤城山の神は大百足《むかで》になって激闘した。

猿丸は矢を放って大百足の両眼を射たので、日光権現は勝利した。

これによって、猿丸は日光権現から〈死の穢《けが》れ〉を寄せつけない身体にしてもらい、不死であるのみか、死体の側によったり、殺生をしても汚れない霊力が備わったのである。

山岳の神人は、自分達が猿丸の子孫であることを誇り、その証明として「刀渡り」「火渡り」「皮剝《は》ぎ」などの荒行をして身体に傷が付かないことを見せたのです。

こうした猿丸の神性を、秀吉の中に暗示するような、カリスマティックな記述が秀吉伝記の随所に見当たります。

例えば、戦場で玉が飛び交う中、秀吉は隠れもせず高見櫓《やぐら》の上に立ち、悠然と高笑いして、「俺《おれ》には決して玉は当たらない」と言っていた。

自分を謀殺しにきた男に、それを知りながら短刀を与えたため、相手が秀吉の大勇におされて暗殺できなかった。

家康と緊張する関係を続けていた時、共に鷹《たか》狩りに出掛け、秀吉は刀を手放して家康のひざ枕《まくら》で高いびきをかいたという話などがそれです。

戦場で勧進聖の仕事をすれば「秀吉」になる

石工・金属師・木地師《きじし》の散所〈尾張国愛智郡中村〉。

木地師村の禰宜であった祖父。

茶同朋《どうぼう》衆だった養父。

金属師と思われる実父。

一寸法師＝鬼・神人・呪詛《じゅそ》師＝日吉山王の申し子＝小野猿丸系譜の神人。

このようにみてくると、秀吉に係わるすべての事柄が、すっきりと繋がってきます。

異形で生まれた秀吉は、当然強い霊力を持つ神人とみなされ、勧進聖としての教育を受けるために日吉山王の神人集団とともに修行を積むことになったのです。

勧進組織は、その下に、死の穢《けが》れを清める三昧聖《さんまいひじり》が隷属していたところからみて、小野猿丸神人集団によって構成されていたものでした。

秀吉こそ、日吉山王の神人系譜に属し、大社寺の造営や河川工事などを請け負う勧進聖だったのではないでしょうか？

秀吉という人をつぶさに見ていくと、彼が勧進聖であったことが確信できます。

まず、鬼族を縦横無尽に駆使しての土木戦略も、勧進聖であれば、それこそお手の物です。

なによりも、彼の人物像としていわれる「ひょうきん」「達者な話術を使うたらしこみの名人」「派手なお祭り好き」は、すべて勧進聖だったとすると、ふさわしい評価なのです。

勧進聖は社寺の財政を支えたり、社会福祉として橋や道路を作ったりするために金集めをするのですが、そのためにはよほどの「話術」がなければ務まりません。信仰に同意させ、金を出させる「たらしこみの話術」です。

ただ話術だけではもちろん駄目で、刀渡りや、火渡り、身体の皮を剝いだりするような荒行を見せたり、田楽・猿楽のような芸を披露して民衆を集めたりもしますから、勧進聖には芸人としての「ひょうきん」という側面も大切になってきます。

それでも集金が足らない時は、面白い芸ができる芸人を寄せ集め、勧進興行と呼ばれる大イベントを催します。「派手なお祭り好き」というわけです。

秀吉は、戦う前に敵の武将に近づき、懐柔して裏切りをさせたりスパイを作るのを得意としていました。

こうして大いに「話術」を発揮した後、決戦に挑みます。

しかもその決戦方法というのが、殆《ほとん》ど「土木工事」が主という奇妙なものです。どんな戦いでも、自分の陣中に市を作り、酒肉を売らせ、芸人を呼び集めて「お祭り気分を演出した」ことで知られています。

「勧進聖の仕事」をそのまま戦場にもってくると、秀吉になるのです。

信長は、勧進聖だった秀吉を紹介され、自分の軍師として召し抱えようとしたに違いありません。

もし、秀吉がそのまま信長の軍師になり、実際のなまなましい権力の地位についた武将でなければ、彼は空海や役小角《えんのおづぬ》のような法僧の一人として語られていたことでしょう。

当時、卑しい身分に落とされていた側の鬼達は、政治権力において高い地位を持つことは許されませんでした。

ですから、彼らの中の力のある者は世俗の地位とは関係のない僧侶になり、僧としての活動をとおして、空海や安倍晴明《あべのせいめい》や、道鏡のように権力者に意見をのべるという手段を使ったのです。

しかし、秀吉は還俗《げんぞく》して武将になる道を選びました。出生がタブーになったのは当然のことでした。

信長は、秀吉が若輩だったころから、他の強豪武将でもあとずさるような大任や、難しい大戦を任せています。

秀吉が普通の男であったならば、これはとても不思議なことです。いくら秀吉が優秀であったとはいえ、実力もわからない若輩の男に大任を任せられるでしょうか。万が一失敗すれば、武将達の大きな不満の矛先が信長自身に向けられることはいうまでもありません。

しかし信長には、秀吉が任された仕事を必ず成功させるという目算があったのです。何故なら、呪詛を操り、鬼族を駆使することができる秀吉は、信長の内密の軍事参謀だったからです。

時に秀吉は、自分の意に沿わない合戦を、勝手に理由をつけてエスケープするようなことがありました。

普通、武将が大将の命令を無視して、合戦に出てこないなどということは大変なことです。裏切りや密通を疑われて、切腹させられてもおかしくはありません。

なのに、信長はカンカンになって秀吉を叱責《しっせき》しても、次の合戦で彼が戦果を上げると大喜びして褒美《ほうび》を与えます。

秀吉は、信長の血の気の多い残忍な性格をよく知っていますから、信長に叱責されている時も、高飛車に出ることなく、ひたすら平身低頭して、世辞をいい、信長を煙《けむ》に巻いてしまいます。

秀吉の正体を知らない他の武将にとっては、これが腑《ふ》に落ちず、面白くないわけです。「白々しい世辞を言って、うまく信長公にとりいりやがって……」という妬《ねた》みが生まれます。

考えてみれば秀吉は実に不気味な男です。

ある日、非常に醜い異形の容姿をした男がどこからともなく現れます。

その男が何をしていたのかもハッキリしません。男は、信長や、他の武将に、鼻白むようなベンチャラを言って、おどけてみせる一方で、鬼族を自由に駆使して一夜で城やダムを造り、敵を陥落してきます。

おそろしい速さで、軍隊が移動したという噂《うわさ》も流れます。

そんな、秀吉の存在は、驚異だったに違いありません。

武将達は秀吉への恐れを見せまいとする反動で、ことさら彼を見下したのではないかと思います。

秀吉のほうでも、余り警戒されては、出る前に打たれてしまうと読んで、卑しい小物のように振る舞って見せたのです。

第五章

秀吉に流れる高貴な血筋と戦国呪詛事情

呪詛師なしに戦国時代は語れない

秀吉という勧進聖《かんじんひじり》（鬼族のボス）が天下人《てんかびと》にまでなったのには、呪詛《じゅそ》師を必要とした戦国の歴史的背景があります。

悪党が横行し、鎌倉《かまくら》幕府が滅亡して、南北朝時代に突入します。

ここで、武家社会に対抗して古代天皇制の復活を目指した後醍醐《ごだいご》天皇が出現しました。

この天皇は、異形者《いぎょうのもの》を駆使した天皇として知られています。

天皇は抜群の法力を持つといわれる陀吉尼天法《だきにてんぽう》を修し、その加持《かじ》力を高めるために、密教僧・文観《もんかん》を従えて性的儀礼を重視する立川真言流という呪詛性の強い教義に没頭しました。

天皇の下には熊野修験道《くまのしゅげんどう》の長であり、楠木《くすのき》流忍術の創始者とされる楠木正成《まさしげ》を初めとする陰陽道《おんみょう》師や漂泊の芸能民が暗躍して、建武《けんむ》の中興に成功します。

しかし、それもすぐに足利尊氏《あしかがたかうじ》の謀叛《むほん》によって制圧され、後醍醐天皇は吉野に隠遁《いんとん》しました。

しかし、吉野山中に籠《こ》もりながらも呪術はつづけられ、足利尊氏の室町《むろまち》期は、魑魅《ちみ》魍魎《もうりょう》の時代と化していきます。

鎌倉期までは幕府や朝廷が、呪詛師達を独占していましたが、南北朝時代に活躍の場を与えられて巷《ちまた》に湧《わ》きだした霊的な異能集団の活動は止まることなく活発化し、室町期には、一般庶民の生活にも浸透していったのです。

その一方では、動乱の時代が続いたため、武家社会でも内紛と策謀が渦巻き、霊的な異能集団は、公家、有力な大社寺の僧侶《そうりょ》、将軍、守護大名などのカウンセラー的な存在にまでなっていきます。

呪《のろ》いと祟《たた》り、それを封じる呪詛師なしにして戦国時代は語れないのです。

人と人が殺し合う時代が続いたわけですから、それもこっともなことです。

信長は陰陽道の心酔者でもあった！

中でも秀吉の仕えた織田《おだ》信長《のぶなが》は、自らを第六天魔王という〈生きた鬼神〉にたとえ、陰陽道を積極的に政治的テクニックとして用いた人です。
実弟・民部の娘を、役小角《えんのおづぬ》の流れをくむ陰陽道宗家・土御門久脩《つちみかどひさなが》と結婚させ、自分のために呪詛を行わせたというぐらい陰陽道に心酔していました。

その信長が「第六天魔王」と自称したことと、秀吉が信長の側近中の側近になったこととは無関係ではありません。

この時代、日吉山王《ひえさんのう》の神人集団の操る陰陽道から、比叡山天台宗《ひえいざんてんだいしゅう》の密儀にまでなった修法があります。

「六字河臨法《ろくじかりんほう》」がそれです。

六字は六観音、またはその化身である六字明王を指す言葉で、呪詛怨家調伏《じゅそおんけちょうぶく》の利益をもたらす神であるとされています。

平たくいうと、敵を呪うのが専門の祟神《たたりがみ》です。

［六字河臨法］

釈迦《しゃか》金輪仏頂を中心に、六観音を巡らし、その前に鏡をおき、呪詛神の像を現

敵を調伏する専門の呪詛師こそ第六天魔王!

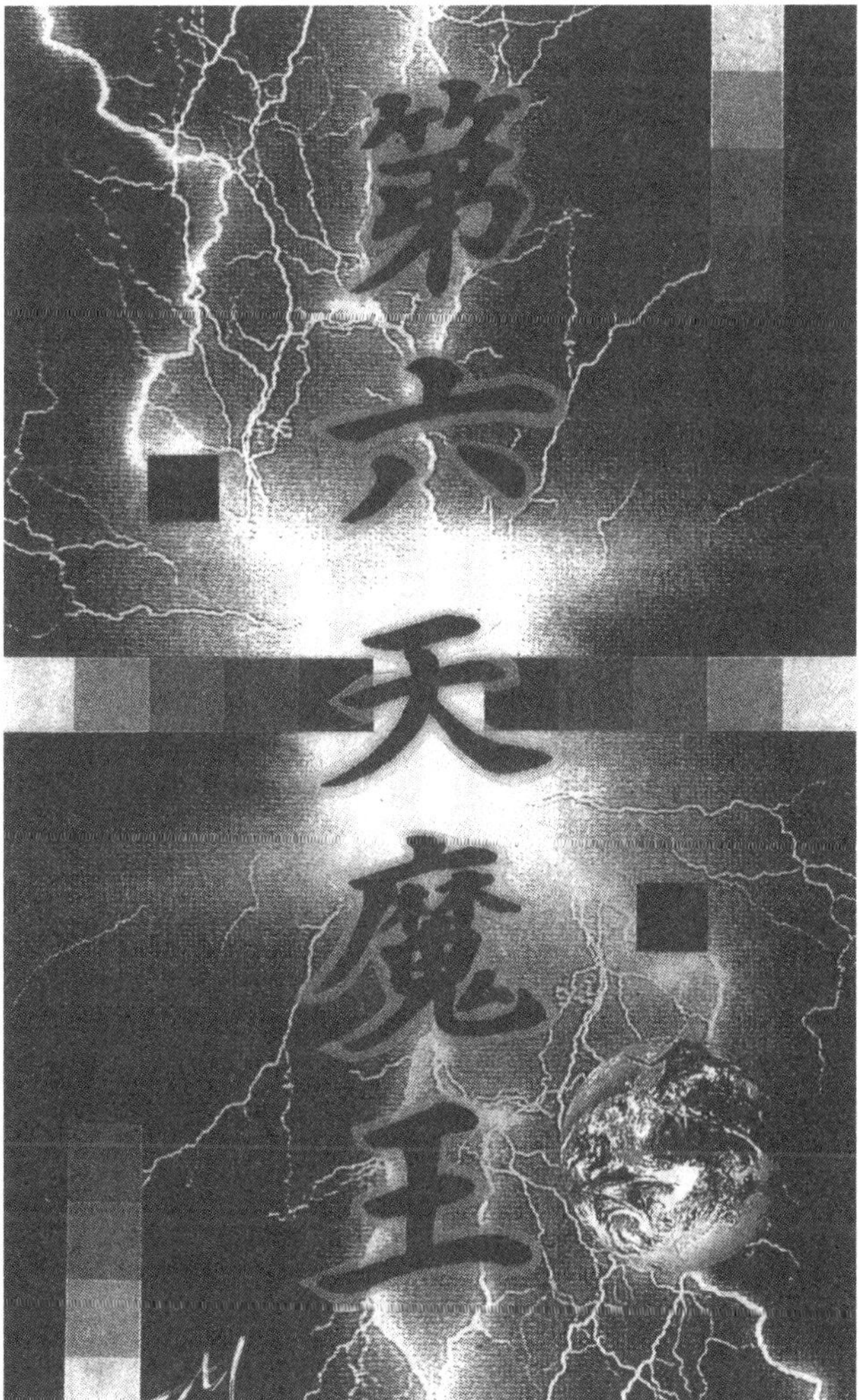

秀吉は、呪いの法「六字河臨法」の最高の使い手だった。信長が第六天魔王を名乗った理由はここにあったという!!

す。

これら呪詛神は、水神＝雷神系の神を用いるものである。

これを祭って輪印と称する手印を結び、呪詛する人物を調伏する。

次にこれを行った大壇をそのまま流れが南より北に向かう川にそえられた船に移し、夜八時から九時の間に、行法を行う。

護摩《ごま》をたき、六字呪を唱え、施主の壇越《だんおつ》に加持する。

この間、紙を捩《ね》じって作った解縄をとき、人形をもって壇越の身を撫《な》ぜ、その息を人形に吹き掛けさせ、壇越に茅輪《ちのわ》をくぐらせたあと、散米《さんまい》を人形に振りかけ、人形を河中に投じる。


この六観音、六字明王が、「第六天魔王」なのです。

秀吉は日吉山王の神人として、「六字河臨法」の手練《てだれ》だったはずです。

そこのところが、信長が自らを「第六天魔王」と称した理由だったと思われるのです。

利休が秀吉にかけた呪詛は見破られていた！

秀吉の行動の中で最も大きな謎《なぞ》とされるものに千利休《せんのりきゅう》に切腹を申しつけたことがあります。その引き金となった「大徳寺《だいとくじ》山門《さんもん》の利休像設置」も、秀吉が利休の呪詛行為を見破ったがゆえの顚末《てんまつ》だったようです。

利休切腹の一件は、家柄の良い芸術家肌の利休を、次第に疎《うと》んじるようになった秀吉の暴挙のようにいわれていますが、全くの誤解です。

秀吉の養父は、茶同朋《どうぼう》衆でした。ですから、秀吉は密室政治のフィクサーであり、スパイの親玉である茶人のしたたかさをよく知っています。

常々、利休に対しては、利用はできるが侮《あなど》れない人物として監視していました。実際、秀吉と利休はだんだんと利害が敵対して疎遠になっていきます。

そんな時に、利休は大徳寺に山門を寄進し、その上に自分の像を彫らせて設置しました。

山門の上に像を設置するということが、どういう意味を持つのかを理解しなければ、この謎は解けません。

山門は楼門《ろうもん》づくりになっています。楼上には登れませんが、門の上にはわざとガランとした何もない空間が作られています。

何故、このような空間を作ったのでしょうか。日本の神話には、ウリやヒョウタンのように中が空洞になった植物から、神の申し子が誕生するという民話が多く作られています（秀吉の家紋・千成瓢簞《せんなりびょうたん》にも、こうした意味がこめられている）。天皇儀礼でも、箱という空間に天皇の衣服を入れて振る呪詛行為があったりします。

ようするに閉じ込められた空間には、霊的な力が集約されていたり、霊的な世界との通路があると考えられていました。

山門の上は、非常に霊的・呪詛的な空間なのです。

寺の山門の上の空間では、実際に呪詛が行われていたという記録も残っています。

利休は、そこに自分の像を設置させたのです。

つまり、大徳寺に発生する霊的な磁場で、自分の人形《ひとがた》に魂を吹き込み、万事を自分の思いどおりに操ろうという意図があったのです。

大徳寺は、秀吉が亡き主君・信長の法要を行ったところですから、そこには信長の霊も彷徨《さすら》っています。

利休は大徳寺の霊場を利用して、人形を操り、秀吉の主君・信長の霊を使って、秀吉を呪詛しようとしたのです。

利休が行ったのは本格的な、陰陽道の呪詛です。

実は、利休は陰陽師でした。そのことは次に説明するとして、それを見破った秀吉も、相当の手練であったことは言うまでもありません。

後の甥《おい》の秀次《ひでつぐ》に対する自害命令の陰にも、呪詛にまつわる事情がありました。

秀吉に子供が生まれたことで地位が危うくなると一人焦った秀次が、陰陽道宗家の土御門家に呪詛の祈禱《きとう》を頼むという暴挙が、秀吉を激怒させたのです。

秀吉・豊臣家鎮護の呪詛

秀吉は、自分が死んだときには〈新八幡大菩薩《はちまんだいぼさつ》〉として祭られたいといいました。こういう発想を、秀吉が一代で成り上がったための思い上がりととらえては、大変な誤解になります。

そもそも、役小角《えんのおづぬ》、安倍晴明《あべのせいめい》にしても、皆神様として祭られています。天皇などは、死ねば神上《かむあ》がりするといいまして、皆、神様になるのです。

仏教以前の古代宗教は、皆、祖霊崇拝ですから、死ねば後に神として祭られるということが普通なのです。

こういう感覚が日本人の中には根づいていますから、徳川家康も自分を日光東照宮で神として祭っています。

秀吉が、新八幡になりたいといったのには深い呪詛的な意味合いがあります。

八幡神のルーツは金属神です。

八幡神宮の本山である宇佐《うさ》八幡は霊験があらたかで、貴族、武士の帰依が深いことで有名ですが、宇佐八幡の神事に従事していた氏族の殆《ほとん》どは、金属師として有名な辛《から》嶋《しま》氏や赤染《あかぞめ》氏でした。

八幡信仰は、国家鎮護の祈禱、預言などを行った「非常に呪詛的な金属神信仰」だったのです。金属師であり、呪詛師であった秀吉が、新八幡を指名したのは自然な発想です。

そして、さらに八幡神への指名は、本願寺との関係の中にもあったのです。

本願寺は一向一揆《いっこういっき》を支援して、信長と熾烈《しれつ》な争いを繰り広げ、信長の行く手を最後まで阻《はば》みました。また、なんどき反旗を翻して治安を乱すかわからない危険分子です。

秀吉は、呪詛をもってこれら本願寺を押さえ込もうとしたのです。

西本願寺に現在の土地を与えて移転させたのは秀吉です。

秀吉は死後、新八幡として、阿弥陀《あみだ》ヶ峰《みね》に自分の遺体を埋葬させ、麓《ふもと》に自分をまつる豊国《とよくに》神社を作らせました。

どういうことかといいますと、八幡神は本地垂迹《ほんじすいじゃく》説では阿弥陀如来になります。

ですから阿弥陀ケ峰に埋葬させるのですが、東西本願寺の本尊も阿弥陀如来なのです。

古代の方位感では、東は新生、西は終焉《しゅうえん》を意味しています。

秀吉は、本願寺が本尊とする阿弥陀如来になりかわる新しい阿弥陀如来として自分を位置づけ、死後も阿弥陀ケ峰から、本願寺を監視しつづけるように策を講じたのです。

さらに、秀吉は連歌師であり、すぐれた建築師であった木食応其《もくじきおうご》に命じて毘盧遮那《びるしゃな》仏《ぶつ》を祭った方広寺《ほうこうじ》を建てさせます。

この方広寺は、元来後白河《ごしらかわ》法皇が熊野権現の神託を受けて建てられた三十三間堂の真北にあたり、三十三間堂を支配する形をとっています（古代の方位感では、北は南を制します）。

さらにその線をそのまま下ろしていくと、秀吉の作った伏見桃山城に至り、西本願寺と阿弥陀ケ峰を結ぶラインと、方広寺と三十三間堂を結ぶラインは直角に交わって、美しいクロスを形成するのです。

本願寺の阿弥陀如来が過去、秀吉の陵《りょう》が未来の阿弥陀如来とすると、三十三間堂を

京都秀吉マンダラ

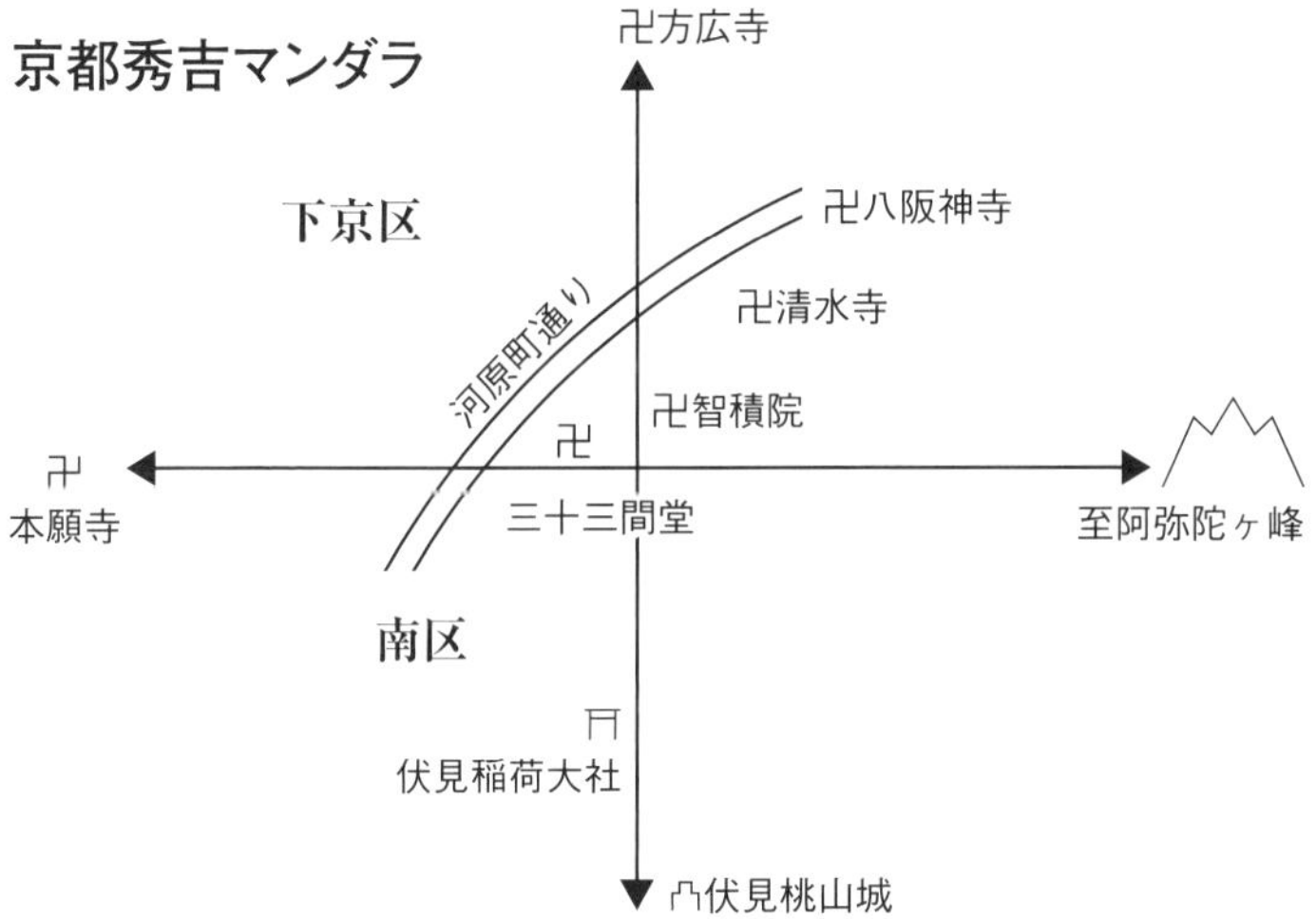

中心にして、東西の軸は「時間の軸」になっています。

そして縦の軸は、北を天とする思想から方広寺が天。三十三間堂は中心の地上、伏見桃山城は地下となり、「空間の軸」になります。

秀吉は地上に時空の曼陀羅《まんだら》を描き、過去、現在、未来にわたって、本願寺と熊野修験を自分の管理下に置こうとしたのです。

何故、三十三間堂に代表される熊野修験を中心に据えて強力に見張ったかは、後の利休との関係であきらかになりますが、秀吉は、このように死後の豊臣《とよとみ》家安泰のために、非常に呪詛的な仕掛けを作っているのです。

家康はなぜ死後も秀吉を恐れたのか⁉

秀吉はこのような人でしたから、家康は非常に秀吉を恐れていました。ですから、秀吉の生前は、何一つ手出しができなかった家康が、秀吉が死んでからはここぞとばかり、豊臣家に反撃に出て、天下を取ります。

秀吉が死んだ後は、豊臣家といっても、かつては兄とも呼んだ同盟者・信長の姪《めい》・淀君《よどぎみ》と、その子・秀頼《ひでより》が主軸です。

遠慮するなら、秀吉死後の豊臣家に対してのほうが、遠慮があってしかるべきです。ですから、家康が豊臣に敵対しなかったのは、ひとえに秀吉が原因だったわけです。しかし、家康の秀吉に対する恐れは、彼が死んだからといって、無くなったわけではありませんでした。

何故なら、家康は、当時、祈禱で名の知れた比叡山天台宗の僧・天海《てんかい》（秀吉に対抗するため、比叡山の下級神人であった彼を雇用した）を頼みとして、徹底的に秀吉の祟り封じを行っています。

まず、秀吉が埋葬された阿弥陀ケ峰に作られた豊国神社を壊し、智積院《ちしゃくいん》を建てさせます。

智積院は、秀吉が行った根来《ねごろ》征伐で焼き討ちされた根来大伝法院の一院です。

つまり、根来の怨念《おんねん》で、秀吉の霊力を封じてしまおうというわけです。

さらに天海は、江戸城に鬼門の守りを施しました。

彼は、鬼門の守りに、日枝《ひえ》神社と神田明神《かんだみょうじん》を鎮座させるのですが、この取り合わせが面白いのです。神田明神は、平将門《たいらのまさかど》を祭っていることで知られています。

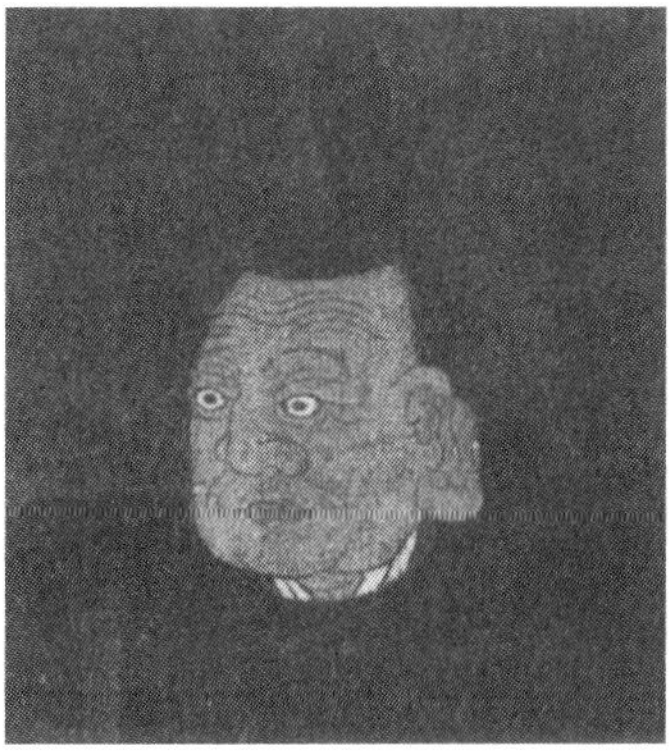
徳川家康画像　日光東照宮宝物館蔵

平将門は、当時、知らない者がないというくらい怨霊《おんりょう》として有名でした。

それが、何故、鬼門除けに使われるのかというと、「祟りと祭り」に対する日本人の感覚の問題なのです。

もともと、祭りというのは、怨霊に対して行われる行為でした。

祟りを起こす霊を祭る。祟りを起こすだけの凄《すさ》まじい怨念を持った霊を、丁重に祭って、機嫌を取れば、かえってその霊力は、自分達を守ってくれるという発想です。

これは、西洋の信仰にはない発想です。


ですから、平将門という怨霊を祭って、鬼門を固めるのです。

興味深いのは日枝神社です。

実は、この神社はもとからあった山王権現という山の神に、秀吉の守護神である日吉大社をわざわざ近江坂本から持ってきて、合社させて祭っているのです。

日吉の神の申し子・秀吉の築いた豊臣家を滅ぼした家康ですから、秀吉怨霊がよほど怖かったのでしょう。

秀吉より格上の日吉の神を神人・天海に祭らせることによって、秀吉の引き起こす祟りを防ごうと画策したわけです。

秀吉皇胤説は肯定されるべきだ

勧進聖……確かに秀吉の偉業を説明するのに、これほどピッタリの素性はありません。

しかし、これだけで、謎のすべてが説明されたわけではありません。

秀吉は還俗《げんぞく》しています。

ですから、勧進聖としての力を発揮するためのバックアップとなる社寺を失っているわけです。

それなのに、何故、信長の下でその力を行使することができたかということがあります。

主君信長の威光でしょうか？　そうとも考えられません。

事実、蜂須賀小六《はちすかころく》は信長を屁《へ》とも思っていなかったのに、秀吉には従っています。

また、秀吉が、あるいは母親の仲の実家が勧進聖だったとしても、仲に対する杉原家の異常なまでのこだわりをみるとそれだけでは説得力に欠けます。

家康の秀吉に対する遠慮も、それだけで済ませることはできません。

日本国中に多くの勧進聖がいたわけですから、何故、その中で秀吉が特別であったかが問題になります。


そこで、考えてみなければならないのが、秀吉の創作とされる「皇胤《こういん》説」です。


秀吉自身の語る「秀吉皇胤説」は、研究家の間では信憑《しんぴょう》性のある話として取り扱われることはまずありません。

さまざまな英雄、歴史上の人物の皇胤説は、一度は綿密に検討されてしかるべきなのですが、何故か秀吉に関しては、「出自コンプレックスを持つ秀吉の虚言」とはなから否定されてしまうのです。

出身地の「散所《さんじょ》」という体質、母・仲の神人系譜と秀吉の実父不明という要因、蜂須賀小六や黒田官兵衛、安国寺恵瓊《あんこくじえけい》のような実力のある人物が、信長を差し置いて、秀吉の臣下になるということを合わせて考えれば、秀吉は本当に皇族であったと思ってよいのではないでしょうか？　というより、皇族であったほうが辻褄《つじつま》があうぐらいです。

天皇家と鬼族との関係

まず、歴史的に、天皇家が地方支配権確立のために講じた手段を考えてみて下さい。

その手段とは、敵勢力を束ねる氏族と婚姻《こんいん》関係を結び、協力させるというものです。

その一例として、『古事記』などを読むと、三輪《みわ》の大物主《おおものぬし》が、ある氏族の姫のもとに通い、子供をもうけた話などが記されています。

これは次のような異部族同士の和議儀礼があったことを物語っています。

まず、征服部族の王は、被征服部族の氏神を祭る役をおった巫女と性交渉を行います。巫女は、もともと神妻ですから、神と妻を共有することで、被征服部族の神と義兄弟になるのです。

これをもって、征服部族の王は、被征服部族の王権を与えられます。

この時に巫女が身ごもり、子が生まれる場合があります。

この場合の彼（子）の立場は非常に特殊なものとなります。

彼は、土地の人々――すなわち征服された部族の中では、強い発言権と土地の支配力を与えられますが、征服した側の継承筋を混乱させないために、神人ということにして現世からはずされ、公式の身分を持たないことになります。

どういうことかといえば、征服された部族の神は、多かれ少なかれ祟り神としての性質をもつことになりますので、これを征服部族と被征服部族の仲介役としての巫女の子供が祭ることで、祟りが回避されると考えたわけです。

これが、神主、神職のルーツであるから、今でも全国の大きな神社の神主の家系は、だいたい天皇家や有名な豪族の子孫になっているのです。

「両者の血縁儀礼」による「天皇家の地方支配権の確立」という風習は、一般に思われているより長きにわたって、天皇家と鬼族の間で執り行われていました。

鬼族の神人階級である白拍子《しらびょうし》が、時の天皇の寵妃《ちょうき》になった史実も数多くあるようです。かの後醍醐天皇も、何人もの白拍子を寵妃に持った一人です。

当然、「散所」の神人階級の巫女と皇族の接触もまた、鬼の勢力を必要とした中世や戦国には頻繁にありました。

しかも、仲の父は、社寺の造営に携わるトップクラスの鬼族の神人です。その事実は、仲にも巫女としての属性があったことを物語っています。

ですから、仲が皇族の一夜妻になったことがあったとしても、少しも可笑《おか》しくはないのです。

『秀吉古事記』での秀吉は、母・仲を萩中納言《はぎのちゅうなごん》という公家《くげ》の娘であると主張して、母方の血筋の高貴な点を非常に強調しています。

この点が、秀吉を農民、足軽出身者という観点から見る研究者にとって、きな臭く、秀吉皇胤説が一笑に付される要因ともなっています。

しかし、筆者は、実際に秀吉の母・仲は散所の神人として、一般に考えられている以上の高貴な女性であり、その母への誇りが、秀吉を「母は萩中納言の娘である」と言わしめたと考えています。

しかも、秀吉には、秀長《ひでなが》と異父兄弟であると言われていた事実（弟、秀長もそれを認めている）があります。

従来、そのことについては、秀吉は弥右衛門《やえもん》の子、秀長は竹阿弥《ちくあみ》の子であろうとされてきました。

しかし、天竜寺系図の発見で、秀吉家の三兄弟はいずれも弥右衛門の存命中に生まれていることが明らかになりました。

にもかかわらず、秀吉と秀長は異父兄弟だということになると、秀吉の父は弥右衛門ではないことになり、宙に浮いてしまいます。

秀吉は、巫女・仲の私生児なのです。

すると当然、父親は「やんごとなき人」でなければいけません。

しかし、それならば秀吉が実父を、生涯「ある天皇」としか表現しなかったのが妙だということになるのです。

どうせ皇族を名乗るならば、実名を述べたほうが効果的に違いありません。

そうすれば、身の証《あかし》も立とうというものです。

ところが、「ある天皇」としかいえないのは、やはり皇胤は嘘《うそ》だということになってしまいます。

実際、そんなわけで、当時の秀吉の周りの武将達は、秀吉皇胤説を信じませんでした。

大スキャンダルだった秀吉の関白就任

ところがです、おおかた貧しい農民の小倅《こせがれ》だろうと世間が噂《うわさ》しているにもかかわらず、秀吉は天皇から関白《かんぱく》に任命されてしまったのです。

関白というのは、天皇に送られる書類すべてに目を通して、天皇の代行をすることができる身分です。

いわば副天皇。元来、皇族、皇族の血縁者である上位の貴族にのみ許される職務でした。

清和《せいわ》天皇の子孫であった源頼朝《みなもとのよりとも》ですら、許されたのは征夷《せいい》大将軍（謀叛人《むはんにん》を征伐する役目をおった、武士階級の頭領という身分）。単なる天皇の下僕でしかありません。

身分でいえば、関白に相当見劣りします。にもかかわらず、秀吉に関白が与えられたということで、世間は驚愕《きょうがく》しました。


現在の我々は、秀吉が関白になったことになんの矛盾も感じていません。

しかし、当時がいくら身分破壊の下克上《げこくじょう》の時代であったとは言え、農民出身の男が天皇に関白の地位を許可されたことは、「秀吉関白就任事件」ともいえるほど、スキャンダラスなことでした。


九州の大名・島津義久《しまづよしひさ》は細川藤孝《ほそかわふじたか》宛の書状に秀吉の関白就任に関して、次の様に綴《つづ》っています。

「羽柴《はしば》のことは、まことに由来なき仁と世上沙汰《さた》候《そうろう》。当家の事は、頼朝以来、しゅうへんなき御家の事に候。しかるに、羽柴へ、関白殿あつかいの返事は、笑止のよしどもに候。また、右のごときの故なき仁に関白を御免の事。ただ綸言《りんげん》の軽きにてこそ候」

――羽柴秀吉は、本当にいわれのない人物であると世間も噂している。それに比べて当島津家は、頼朝以来の系統連綿たる家柄、そのわが家が羽柴へ関白殿下あつかいの手紙を書かなければならぬのは笑止千万。羽柴のような由緒のない人物に、関白職を免許されたことは、ひとえに天皇のお言葉が軽々しいのである――

武将に、右の様に天皇批判をさせるほど、当時としては異常な事態だった秀吉の関白就任の内幕とは一体何だったのでしょう。

もともと、秀吉は征夷大将軍になることを夢見て、姓を平にしていました。しかし秀吉が平氏でないことは、周知の事実です。研究家は、秀吉は素性の悪さから征夷大将軍にはなれなかったので、有名無実の関白になったといいますが、果してそうでしょうか？

有名無実もなにも、秀吉は、実質的にすでに全国の武士の頭領だったわけです。そこに関白という地位が加われば、秀吉は貴族の最高位として武士階級を統率する役目をおったということになります。

天皇は秀吉を、自分の側の人間としてみているわけです。

そこには、源《げん》・平《へい》・藤《とう》・橘《きつ》と称して征夷大将軍になるよりも、関白になるほうが遥《はる》かに説得しやすい材料があったと考えたほうがいいのです。

この謎を解くのは、やはり、天皇と秀吉の血縁しかないのです。

秘められた「捨てられ皇子」の存在

下克上の時代には、脱卑賤《ひせん》を目指す土豪達に様々な可能性が開かれていました。うまく時代の波にのれば、平家、源氏のように全国の武士の頭領となることも不可能ではありません。

しかし、天下を駆け上がったあとに、問題になるのが血筋です。

当時、（皇族から臣下になった）源、平、藤、橘の姓のものでなければ、全国の武士の頭領である征夷大将軍にはなれないと限定されていたからです。

そこで、全国の野心ある大名は、無理やり自分達の姓を、源氏や平氏にしていました。

しかしそれも、源氏や平氏の血を引くと名乗っても、何とか辻褄《つじつま》のあいそうな古くからの名門武士であってこそ通じるのであり、地方の小さな土豪……しかも「散所」出身の南北朝以降の新興の土豪ではいかにも白々しくなってしまいます。

杉原家は、そこで仲に目をつけたのではないでしょうか？

源、平、藤、橘でなくとも、皇族お手つきで子供を身ごもった仲や、その子の血縁になれば……という計算が働いていたのです。

筆者は、秀吉は正統な皇胤ではなく、「山の神」に属する系譜の人物だったのではないかと考えています。

「山の神」とは何かというと、「捨てられ皇子《おうじ》」達の子孫です。

捨てられ皇子とは、天皇の落胤に生まれながら、野に放逐された皇子達のことです。

捨てられる理由は様々にあります。

例えば、母親の身分に問題があり、政権争いからはじき出されて捨てられる場合。

政権争いに破れた天皇、あるいは親王などが、隠遁した先で生ませた皇子だった場合。

こうした捨てられ皇子達が、その後どのように処遇されたのかをみてみましょう。

代表的な捨てられ皇子は、羽黒《はぐろ》修験道の開祖となった蜂巣皇子《はちすのおうじ》です。

彼は、聖徳太子の従兄弟《いとこ》だったといわれていますが、生まれつき目が蜂の巣のように大きな異形者だったので、入山を勧められたといい、現在でも羽黒山で、山の神として祭られています。

「小倉百人一首」の歌人として有名な蟬丸《せみまる》も、捨てられ皇子といわれています。

彼は目が見えなくなったために捨てられましたが、琵琶《びわ》の名手であり、近江の逢坂《おうさか》山の庵《いおり》に住んで、山の神を神鎮めする役をしていました。

今でも逢坂山には、蟬丸宮という彼を祭る神社があります。

文徳《もんとく》天皇の第一皇子・惟喬《これたか》親王は、母親が紀氏の出身で藤原氏により放逐され、近江国小椋《おぐらの》荘《しょう》の山中に移り住んで、木地の技術を考案して木地師の祖となりました。

「南無阿弥陀仏」念仏行をすすめた空也上人《くうやしょうにん》。とんちで有名な一休上人《いっきゅうしょうにん》。

白河法皇が祇園《ぎおん》の白拍子に産ませた平清盛も、捨てられ皇子といわれる人々です。

こうして見ると、平清盛のようにハッキリと白拍子が母と分かっている例を含め、捨てられ皇子達は、海人《あま》や山窩《さんか》の土地にすんだり、遊行聖《ゆぎょうひじり》になったりして、鬼族と深い関係を結んだことが分かります。

つまり、捨てられ皇子達は、天皇家によって鬼族の神人階級に預けられたか、鬼族の神人階級が好んで世話を引き受けたかしたのです。

これは、何度か紹介した「血縁儀礼」の変形の一つだと思われます。

「捨てられ皇子」のやりとりには、両者の和睦《わぼく》儀礼の意味合いが込められているのです。

秀吉の父は、こうした「山の神」ではなかったのでしょうか？

熱田神宮と天皇家との関係を考えれば、周辺にいた神人集団に、捨てられ皇子が匿《かくま》われていた可能性があります。

人目を避けて生活する親王には、成人になれば当然、世話役の女が必要となります。その世話役を神職・弥五郎の娘、仲が務めていたのです。

生前の秀吉は、鼠や猿と呼ばれる醜い容姿をしていたことで有名です。

毛利家の侍・玉木吉保の『身自鏡《みのかがみ》』には、「赤髭《ひげ》に猿眼」という異形の秀吉像が描かれていますが、日本人のみならず、時の宣教師達や朝鮮の通信使ですら、秀吉の異形を書き記した記録が残っているのですから、彼の風体はよほど異様だったということです。

木下家の中で、ただ一人秀吉だけが父親が不明で、ひときわ醜かったということは、彼が「異形の捨てられ皇子」の血を引いていたことの証なのです。

異界の皇族と天皇家の両輪で、日本は機能していた

捨てられ皇子の子孫達は、各地に独立してある散所に一声で命令を発することのできる「山の神」そのものであり、異界の皇族として、時に天皇家との交渉をすることもあれば、相談役になることもありました。

しかし、その存在そのものは政権の秩序維持のために極秘だったのです。

それでも、秀吉のように、時々、捨てられ皇子の子孫が政治の表舞台に登場することがあります。

その一人が弓削道鏡《ゆげのどうきょう》のような人々でした。

『奈良坂村旧記』という史料に、弓削氏の姓のいわれが記されています。

これによると、桓武《かんむ》天皇の第二皇子・田原太子が悪疫《あくえき》にかかって奈良坂に隠遁し、その子らが弓と矢を削って父を助けました。

これを知った帝は、その子らに「弓削」という姓を与え、奈良坂春日《かすが》大社の神主に任じて、次のような権利を与えたといいます。

「一、大弓を作り、矢弦《やづる》をつくって家業となすべし　二、四季の草木、木の実などは奈良山中で採集し、家業となすべし　三、正月元旦、諸公家門に臨み、祝文をひらき、不浄を祓《はら》い、俳優歌舞して家業となすべし　四、諸国山里の散楽などは……弓削王の子孫の家業なるべし。付、猿楽田楽傀儡《さるがくでんがくくぐつ》白拍子勧進するもの輩《やから》は支配をなすべし……云々《うんぬん》」

弓削氏は、捨てられ皇子と鬼族の神人の子孫であるために宗教者、芸能人、職人たちに対する広い権限を与えられたということになります。

そして知ってのとおり、道鏡は一時、宇佐八幡の神託を受けて、天皇の位につく直前にまで至りました。

当然、これは阻止されましたが、道鏡《どうきょう》が天皇位を狙《ねら》っても処刑されなかったことは史実の不思議の一つとされています。

その謎は、彼が「捨てられ皇子」の系譜に繋《つな》がる鬼の皇族だったからなのです。

社寺のバックなしでも秀吉の一声で、まつろわぬ民が動く謎。

安国寺恵瓊が「天下を手の内にするさりとてはの者」と秀吉を評した言葉の裏。

素性がハッキリせず、にもかかわらず関白に就任できた謎。

家康が秀吉に敵対しながらも手出しをしなかった謎も、すべてこれで解決するのです。

牛若丸＝義経も秀吉と同じ「山の神」だった

秀吉と、ソックリな経歴をもつ人物が一人、歴史上に存在します。

源九郎義経、お伽咄《とぎばなし》の〈牛若丸〉がその人です。

私達が牛若丸といって想像するのは、お伽咄に登場する弁慶との出会いのシーンです。

稚児《ちご》姿の紅顔の美少年・牛若丸が笛を吹きながら京の五条の橋の上を通りかかると、刀狩りをしていた弁慶に遭遇します。

弁慶は、雲をつくような大男。背には鋸《のこ》や槌《つち》、鎌《かま》などの七つ道具を背負っています。

彼は五条の橋の上で、毎夜毎夜、人を襲い、刀を集めていたのです。

さて、弁慶が牛若丸に討ってかかると、牛若丸はヒラリと欄干《らんかん》の上に飛び上がり、恐るべき身の軽さで弁慶の薙刀《なぎなた》をかわしてしまいます。

弁慶が、牛若丸に降参し、「あなた様は、さぞや名のあるお方とお見受けしました！」とはいつくばると、牛若丸は自分の正体を弁慶に打ち明けます。

それを聞いた弁慶は、おそれかしこみ、家来になることを誓います……。

この牛若丸の何処《どこ》が秀吉に似ているんだ？　と言われるでしょうか。

まず、牛若丸はここでは紅顔の美少年となっていますが、史料にはそうではありません。

彼の容貌は、「小柄で、むかい歯で、猿眼」だったとされています。

秀吉も、牛若丸同様に異常に身が軽く、小柄、むかい歯、猿眼でした。

どうも、「むかい歯」、「猿眼」というのは、異形の人を形容する決まり言葉だったようです。

両者の経歴も似ています。牛若丸は幼い時に寺に預けられましたが、そこで鞍馬《くらま》山の天狗《てんぐ》（山窩）に遭遇して武芸を教わります。

そして身をたてることを夢見て、預けられた寺を飛び出します。

秀吉も、七つの時に隣国の小寺に預けられ、そこを飛び出して転々としています。

牛若丸が、その後、どうしたのか史料はありませんが、おそらく物語の経緯でいけば、山窩の集団と共に行動していたのでしょう。

絵本の中に登場する弁慶は、僧侶《そうりょ》の姿をしています。

彼はもともと僧兵でした（社寺を守る兵士。社寺直轄の散所の民）。

弁慶の七つ道具といわれるものは、彼が「うちこわし衆」であったことを物語っています。

「うちこわし衆」とは、合戦や火事の時に、薙刀や鋸などの七つ道具で、家屋を打ち壊して回る職業集団です。

弁慶は、一史料には「鬼の子供」であったとも伝えられ、山窩の出身者であったことは明白です。

刀狩りをする弁慶が、当時、京で恐れられていたのは、彼が社寺の統制がきかなくなった「散所民」を率いる「うちこわし衆」の頭領だったからですが、その弁慶が、年若い牛若丸に跪《ひざまず》いて「家来にして下さい」と頼むのです。

弁慶が、牛若丸の家来になった理由はハッキリしています。

牛若丸が主にふさわしい「やんごとない身分」の人物だったからです。

この経緯は、さしたる身分もなかった秀吉に、蜂須賀小六が服従するのとソックリです。

弁慶という力強い味方を持った牛若丸は、数々の武勇を立て、兄の源頼朝と対面し、兄弟の名乗りを上げます。

秀吉も、兄弟の名乗りなどはありませんが、信長と出会い、数々の武勇を上げてトントンと出世していきます。

しかし、牛若丸の人気が鰻登《うなぎのぼ》りになることに恐れを感じた頼朝は、彼を謀叛の企《たくら》みありとして、無情にも討伐してしまうのです。

ここで、筆者が言いたいのは、牛若丸が弁慶に名乗った身分は、本当に源九郎義経だったのだろうかということです。

筆者は、牛若丸も又、山の神だったのではないかと思うのです。

何故なら、不思議なことに当時の源氏一族の間でも、九郎義経というような人物がいることは、全く知られていなかったからです。

いわば、頼朝だけが、武勇を上げて接見してきた牛若丸にまみえ、「私の兄弟、九郎義経だ」といっただけなのです。

しかしその後、手柄を立てた弟を、謀叛の疑いありとして、すぐに討伐に回る辺り、兄弟の情愛が微塵《みじん》も感じられません。

源頼朝は、「山の神」牛若丸を利用すれば、天下平定が可能とみて、九郎義経という自分の末弟に持ち上げ、協力すれば、表の社会に出してやると誘ったのではないでしょうか？

当時の社会では、義兄弟になったり、養子をとったりすることは、珍しくありませんでした。牛若丸は喜んで大任を引き受け、がむしゃらに働きます。

ところが、彼の力を見せつけられた頼朝にしてみれば、「俺より、力のあるこの男が将軍に任命されるのではないか……」という不安が募ってきます。

そこで、義経討伐ということを企みます。

頼朝は、義経が散所に逃げ込むことを見越して、逃げていきそうな散所に守護《しゅご》・地《じ》頭《とう》を配置しました。これが、守護・地頭制の始まりです。

頼朝は、守護、地頭の配置などという手段を焦ってとったのですが、全国の散所が、頼朝の汚いやりかたに怒りを燃やしたのは当然です。

追いつめられた義経が奥州で自害したことが、その怒りをさらに煽《あお》りました。

そして、全国に悪党集団が出現し、鎌倉幕府を衰退させていったのです。

どうでしょう？　こんな筋書が浮かんではこないでしょうか？

道鏡にしても、義経にしても、〈裏〉の〈表〉への挑戦はいつも敗北に終わってしまいます。

歴史の陰で蠢《うごめ》くことしか許されなかった彼らの中では、一人、秀吉という男が、たった一代で終わったにしても、本当の闇《やみ》に閉じ込められた社寺の下級神人という卑賤の中から躍り出て、天下を摑《つか》み、天皇と並ぶ地位に駆け上がったことは、胸のすくような英雄談だったのです。

芝居や絵草紙に携わった鬼族は、秀吉の生涯を「一寸法師」の暗号に乗せて、彼らの英雄が、いかに天下を取ったかを流布したのでした。

第六章

秀吉と利休の凄絶なる近親憎悪

瀬戸内・京都両経済圏をつなぐ「堺」の謎

当時、日本には二つの大きな経済圏がありました。

瀬戸内海沿岸に広がる瀬戸内海経済圏と、京都経済圏です。

その二つの経済圏を繋《つな》ぐ要所として商人の町・堺《さかい》が発展しました。

堺は、港町である特性を生かし、対外貿易を通して膨大な利潤を得ており、その経済力を楯《たて》に、大富豪商人が会合衆《えごうしゅう》という組合を作って運営された自治区という特徴を持っていました。

諸大名の支配を受け付けない自由都市が、堺だったのです。

そういうと、中世のヨーロッパにあった自由貿易都市ベニスのような華やかな印象を受けますが、実際の堺の歴史は、もっとドロドロとしたものです。

大阪の地図を見れば、堺から下に、古い古墳群が集中しているのが分かります。

堺とは境。

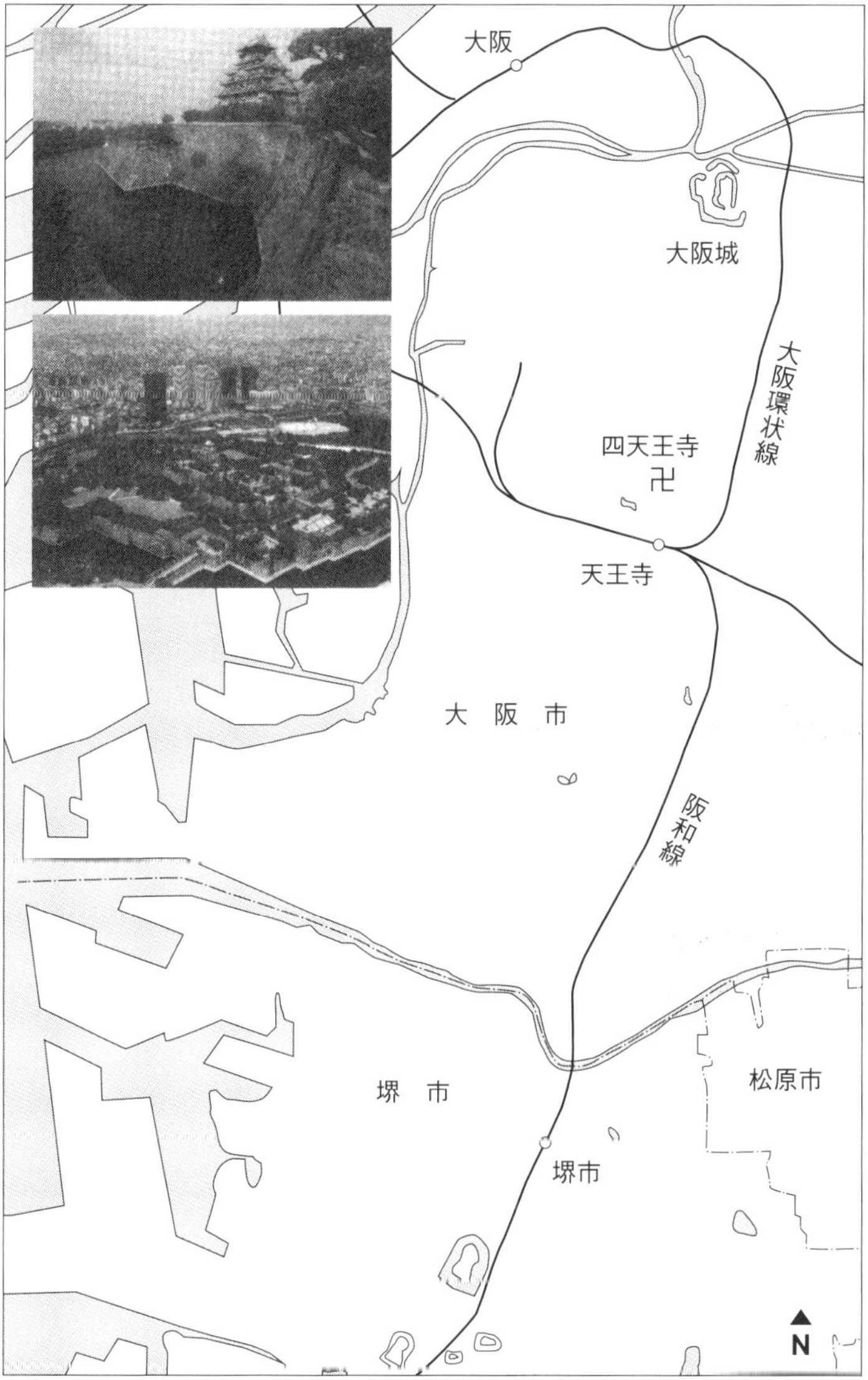

秀吉の大坂都市計画は、自由商業都市堺に決定的なダメージを与えた。

死者の国と、生者の国の境を意味しています。

境の人々は、黄泉国《よみのくに》の信仰を持つ熊野修験《くまのしゅげん》の流れを汲《く》む神人達でした。

すなわち、黄泉国の境界線を守る神人です。

もともと、各地からの熊野詣でに上がる人達の街道町として発展し、そこで山富士産の鉄製品・特に刃物などが売られ始め、商業都市堺にまで発展しました。


熊野修験は、鬼族の中でも非常に力のある勢力の三本の指に入るものでした。

熊野の山岳地帯を本拠地として、紀ノ川を押さえ、熊野新宮を入江に作り、そこから熊野水軍を使って山の材木や商品を流して堺で中継し、都に運び込むという物資流通の巨大ネットワークを形成していました。

実際にこうしたネットワーク内を動く時には、修験という宗教上の名目で動かなければ難しかったので、このネットワークを支えるために、全国に三千以上もの熊野神社が出張所として設けられています。


その中でも堺は、商業取引によって巨万の富を生み出す熊野の鬼族の大規模な錬金

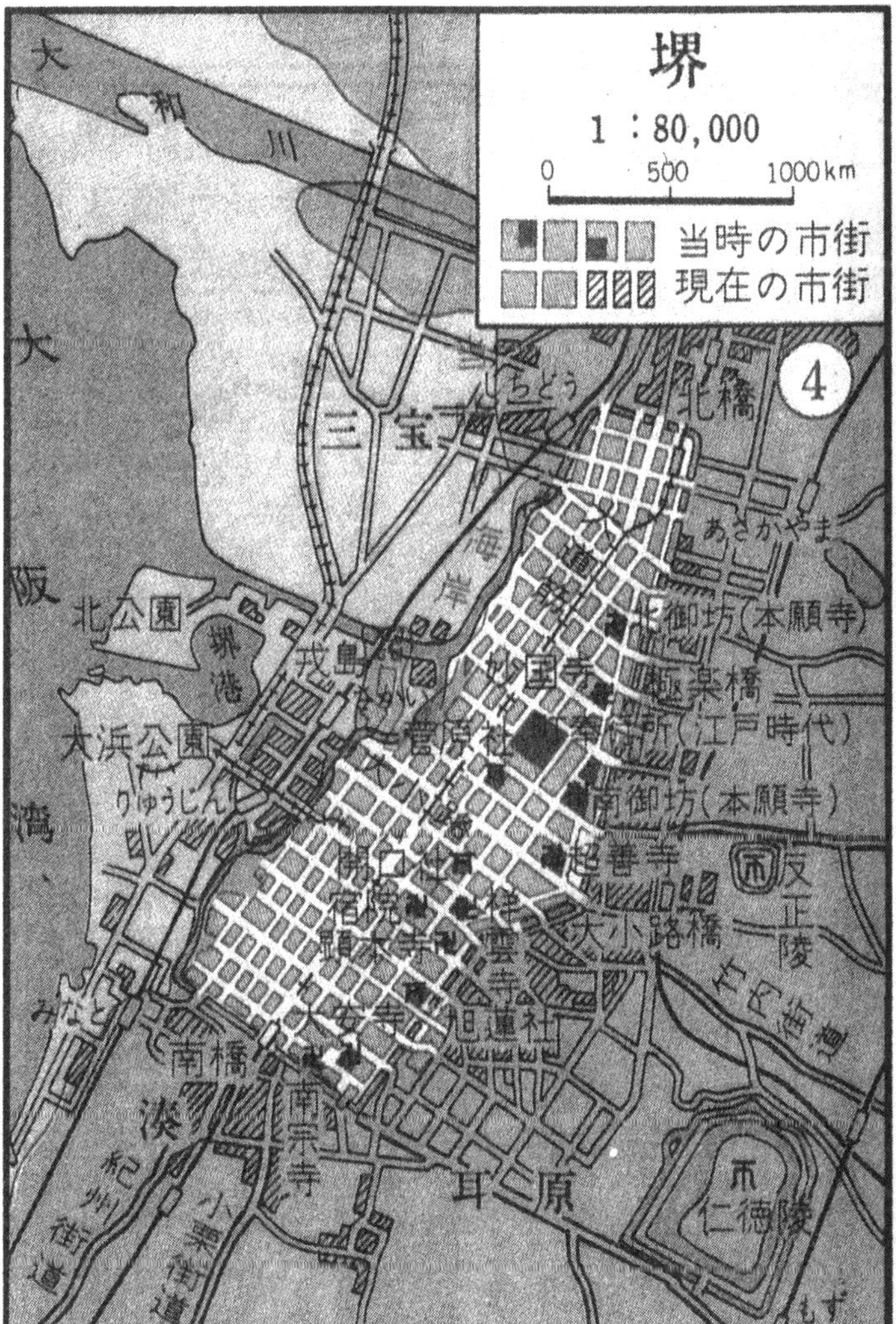

栄耀栄華をほしいままにした堺の街も秀吉の政策により急速にさびれていった。
（『日本史地図』吉川弘文館より）

場だったというわけです。

堺の特産に、今日でも包丁があるように、堺の商品は刀が主流でした。ですから、堺は、歴史的に武器取引によって繁栄した町といえます。信長や家康の時代には、外国から輸入した鉄砲を数多く取り扱っていました。

堺が鬼族の流通の要所ということは、物資と一緒に情報を携えた行商人が集まるということですから、情報の要所ともいうことができます。

堺商人は、この集まってくる情報を提供したり、多額の政治献金をすることによって大名に取り入り、大きな商品取引や商業圏の拡大契約を成立させていました。言わば、堺はスパイ天国、密室政治の天国だったのです。

千利休は、熊野修験の陰陽師だった

こういう背景のなか、堺には密室政治のフィクサーである茶人の文化が発展してきます。

「茶家三宗匠《ちゃさんそうしょう》」と呼ばれる津田宗及《つだそうぎゅう》・今井宗久《いまいそうきゅう》・千利休は皆、堺の人です。

津田宗及・今井宗久といえば武器商人。

千利休画像　正木美術館蔵

千利休は魚問屋・貸納屋《なや》業、海人《あま》の親方であり、貸倉庫業者ですから、物資や情報がすべて経由してくるスパイの大元締めのような人物でした。

こうした商人達は使用人に銃を持たせ、自分達の屋敷を警護する独自の軍隊も組織していたといいます。堺商人が独自兵力をもった軍人商人であった代表的な例は、呂宋助左衛門《るそんすけざえもん》の場合です。彼は熊野修験と繋がりの深い海賊であり、水軍の大将でありながら、商人でした。

港町・堺の大商人には、もともと熊野修験の流れということもあって、熊野水軍の関係者がたくさんいました。

ここで、先程、秀吉が三十三間堂を曼陀羅《まんだら》の中に組み込んだ理由が明確になってきます。

三十三間堂は、後白河《ごしらかわ》法皇の軍事勢力となった熊野、それも特に勇猛で知れた熊野水軍の都出張所のようなところだったからです。

三十三間堂を建立した後白河法皇は、熊野水軍の力をバックに院政を恣《ほしいまま》にしていました。

秀吉は、こういう熊野の動きをよく知っていたので、大変警戒していたのです。

利休なども、こうした理由から秀吉が警戒した熊野水軍の関係者です。

利休は、堺に点在して多くの納屋を持つ富豪商家の生まれですが、土地をそれだけ所有しているということは、古くから堺を仕切る熊野神人の家系ということですし、

堺を代表する戦国文化人・利休の驚くべき実態!!

熊野水軍をバックにした堺の利権をめぐって、利休、信長、秀吉の利害関係は次々に対立していった。

魚問屋などは船乗りの親玉を兼ねていましたから、水軍との関係は、直結したものだったと考えられます。

利休には、もう一つ顔があります。それは、彼が陰陽師《おんみょうじ》だったということです。

当時の陰陽師の特権的仕事の一つに、陰陽道に基づいた吉凶の暦《こよみ》作りがあります。その暦を発行する職業集団の一つに、千法師と呼ばれる者達がいて、千利休の「千」は彼が千法師だったことを物語っているのです。

千利休が、鉄砲を担いだ軍隊に、家屋敷を守らせていた陰陽師だったなんて想像できますか？

これが戦国の文化人の実態です。

信長は千利休を自らの茶頭《さどう》としていました。それは利休が信長の政治顧問として暗躍していたということなのです。

当時、茶人には、直接の主人以外の武将は「お師匠様」と呼ばねばならず、逆に茶人は、自らが師事する武将に対して、呼び捨てでもかまいませんでした。

これは「師弟の礼」ということもありますが、それ以上に茶人と武将との力関係がハッキリ現れているのです。

力のある茶人が側に侍《はべ》ること……それが武将としての大成することとの秘訣《ひけつ》です。

利休は茶の湯の完成者として有名です。茶室に関しても様々な新しい考案をしました。

利休が考案したものの一つに、はいつくばってしか入ることのできない茶室の「にじり戸」があります。

武将は、茶人が中で悠然と構える茶室に、「にじり戸」から土下座の姿勢で入っていかねばなりませんでした。

茶人と武将の立場を、明確に知らしめるための考案といえます。

もちろん、この姿勢であれば、敵が密談をしている茶室の中になだれ込んで来ようとしても、すぐに戦闘態勢を取れないという利点も考えてのことでしょうが、こんな考案をするということ自体、利休が、普通考えられているような温厚で芸術家肌の人物像とは程遠い人物であったということです。

僧侶姿をした茶人・利休、その実態は熊野水軍にも顔が利き、軍人商人・陰陽師として戦国政治を陰で操る大物フィクサーだったのです。

堺商人がしかけた「本能寺の変」と秀吉への接近

「明智光秀《あけちみつひで》を焚《た》き付け、本能寺《ほんのうじ》の変を起こさせたのは堺商人だ」というのは以前から囁《ささや》かれていた説です。筆者はこの説に賛成です。

信長という人は、天才肌の武将でしたが、なんでも徹底的に力でねじ伏せようとする傾向を持っていました。

堺商人に対しても同様で、膨大な政治献金を要求して、堺を力ずくで支配しようとしています。

そのため、堺商人達の中には信長を疎んじる気持ちが育っていました。

特に、津田宗及などは茶頭を務めていたにもかかわらず、信長を嫌っていたようです。

問題は、この津田宗及が明智光秀と近しい関係だったことです。

本能寺の変が起こったこの時、ただでさえ横暴な信長が、天下人になろうとしていた時期ですから、その対策に堺の会合衆が集まらなかったはずはありません。

そこで、信長を討たせる計画が持ち上がり、明智光秀に白羽の矢が立ったのです。陰謀の誘い手は、津田宗及その人です。宗及は、かねてから相談を受けていた光秀にそっと近づき、信長暗殺計画を持ちかけたのです。

明智光秀像　本徳寺所蔵

明智光秀にしてみれば、津田宗及や堺商人が、味方になってくれれば資金援助も武器援助も憂《うれ》いがありません。その読みが、明智光秀に大胆な行動を取らせました。

かくて、本能寺の変となりましたが、この時、おかしな事が起こっています。

当時、明智光秀は信長の強敵だった毛利《もうり》と手を結ぼうとしていました。

そのため、信長自害の知らせを密使を使って、秀吉と対戦していた毛利に届けさせようとしたのですが、密使が何故か間違って秀吉の陣に密書を届けてしまったのです。

ここで、秀吉は誰よりも先駆けて信長の死を知り、素早く明智光秀討伐の行動に出ます。

この功がきっかけで、秀吉は信長の後継者に名乗りを上げることができました。

しかし、密使が敵の大将に間違って密書を届けるというようなことが、実際に起こりえることなのでしょうか。

ここで、秀吉と堺商人の関係が問題になります。

彼らは、いわば仲間です。

秀吉は木や金属を商う山窩の出身。家来には水運業の蜂須賀小六や薬師《くすし》・黒田官兵衛が登用されています。秀吉軍は商人・職人軍団です。

港町堺の商人にとって、秀吉は信長や光秀よりはるかに感覚的に与《くみ》しやすい人物だったに違いありません。

つまり、土木業者の親父から政治家になった人物に、建設業者が近づいていくようなものです。

当時、大名を商売拡大のための駒《こま》ぐらいにしか思っていなかった堺商人にとって、秀吉と組めば、堺の商売の繁栄が、ますます保証されると踏んだのです。

目的は秀吉、光秀は捨て駒でしかなかったというわけです。


秀吉のほうも、主君信長を自分の手で討つのは気が引けましたが、熊野を真っ向から敵にまわした信長の命運が尽きたことを悟っています。

なんとなく堺商人に踊らされている光秀の気配を察して、手駒の恵瓊を使者として準備しつつ、水攻めで相手を孤立させ、実際の合戦に及ばず傍観していたあたり、計算ができていたのではないかと思われます。


秀吉が山崎で、いよいよ光秀を討とうと準備している前日、津田宗及がまた奇妙な動きをします。陣中見舞いと称して秀吉の陣に出向いているのです。

おそらく、光秀の戦力状況と堺商人の秀吉支持を伝えにいったのでしょう。

秀吉と堺商人が信長の死をきっかけに結託していたという事情が、もっと赤裸々に浮かび上がってくるのが、光秀を討った後に、秀吉が近江で催した大茶会でのことです。

この茶会に千利休、津田宗及、今井宗久という堺茶人の代表格の面々が顔を揃え、信長の茶頭であった利休が、その席で茶頭を務めました。

この頃の事情としましては、光秀を討ったことによって信長の後継者として急上昇してきた秀吉と、従来から信長の家臣の筆頭格であった柴田勝家《しばたかついえ》との対立がありました。

信長の後継者となる順序は家康、信長の遺児、次に柴田勝家と、秀吉よりも上の者がこれだけいました。

ところが、近江の茶会でそれが引っ繰り返ったのです。

何故なら、信長の政治顧問・政治献金の筆頭である堺の茶人達が、勝家より、秀吉を選んだことがハッキリしたからです。

これを機に流れが変わり、「どうやら秀吉が、信長公の後継者におさまるようだ」という見方が主流になりました。

面白くないのが勝家です。翌年の四月、反旗を翻しますが、秀吉に敗れ自害。

名実ともに信長の後継者として歩を進めた秀吉は、九月から大坂城の着工を開始します。

堺の富を徹底的に吸い上げた大坂城下作戦

熊野修験と強い繋がりを持った堺商人が、商業的な利害から秀吉を天下人として押し上げました。

もともと養父が茶同朋衆ということもあり、最初は、茶の湯の援助者となり、堺の茶人を重んじた秀吉ですが、両者の仲は、だんだんと険悪になっていきます。

堺の商人達には、政治は自分達が作るものだという自負があり、大名達を操ってきたように、秀吉もまた、自分達の手駒の一つになる傀儡《かいらい》でしかないという思いがありました。

堺商人は、熊野をバックに大名を支配するだけの力を持った自分達を、たとえ山の神とはいえ、秀吉が敵対してくることはないだろうとたかを括《くく》っていました。

しかし、秀吉は彼らが思っていたような甘い人物ではなかったのです。

秀吉は、政治に小うるさく干渉してくる茶人達を利用するだけして、見切ったところで彼らの勢力を熊野ともども刈り取ってしまおうと考えていたようです。

両者の相剋《そうこく》は、武将と商人の相剋というよりも、近親憎悪に近いものでした。

互いの強みも弱みもよく知り抜いているだけに慎重でしたが、利休と秀吉は互いの中に同質のものを見、牽制《けんせい》意識を強烈に燃やしていたのでしょう。

やがて、秀吉のしたたかな計算が、大坂城の築城と、城下町の整備の段になって露《ろ》顕《けん》してきます。

秀吉が何故、大坂を選んだかという問題ですが、一つ目は堺の生み出す富に目をつ

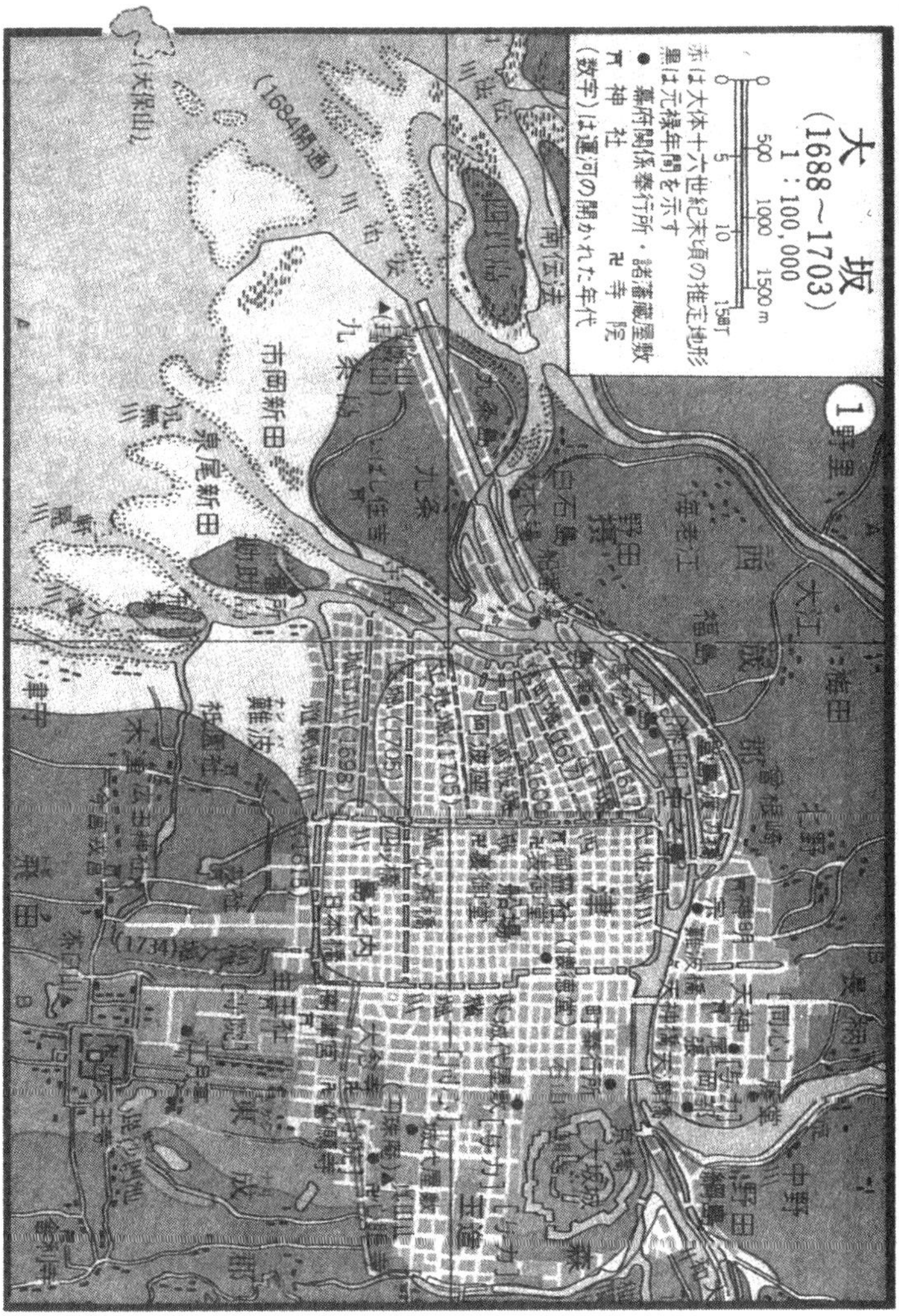

堺のにぎわいを移植したことで、大坂の城下はいっそうの発展を遂げ、その面影を今に残している……。(『日本史地図』吉川弘文館より)

け、これを搾取するため。次は不落の要害を作る目的。大坂には信長を最後まで悩ませた武装寺院石山本願寺があり、その鉄壁の要塞《ようさい》といわれた本願寺の基礎が残っていました。

秀吉は、それに目をつけ、本願寺のような不落の要害が作れると考えたのです。

三つ目の要因としては、当時、大坂には本願寺や四天王寺に抱えられた散所の民が多かったことが考えられます。木地師《きじし》、建築師などの下級神人として活動する職人・商人達です。

秀吉はこういう者達を扱うのが得意ですから、人材を数多く抱えている大坂の町が気に入ったようです。

秀吉は、大坂の市街整備にあたり、二つの大きな計画を立てました。

大坂に堀を縦横に引き、水路を獲得して貿易や商業を栄えさせること。

そして、そのために、強制的に堺、伏見《ふしみ》の商人を城下町に移住させることです。

秀吉は堺の商業圏を、まるのまんま大坂に移転させてしまいました。

堺の富豪商人は、秀吉にまんまとしてやられたわけです。

秀吉のこの計画のため、隆盛を誇っていた堺は、大坂の繁栄に比例して、みるまに衰退していきます。

これに対して、誇り高い地元富豪商人の代表格である利休が、怒りを燃やし、秀吉排除を考えなかったはずがありません。

秀吉と利休の見えない冷戦は、利休の一番弟子である山上宗二が、当時、秀吉に最後まで隷従しない勢力だった小田原・北条氏のもとに走った時から激化していったのです。

利休切腹事件の真相

船場《せんば》、島之内方面の砂州《さす》を開き、東横堀川を掘った天正《てんしょう》十三年から、秀吉による堺商人・伏見商人らの強制移住が本格的に始まります。

これが、現在の大阪の中心地「南」です。

大坂はこの南から北へと都市整備されて発展していきました。作られた川の周りには市が発展します。これが現在の繁華街です。

安田道頓《どうとん》に作らせた有名な道頓堀の南にある千日前の辺りは昔の処刑場です。市には罪人の首が見せ物として晒《さら》されたりしますので、市の近くに処刑場が生まれるのです。

千日前をはさんで道具屋筋が南に広がっています。

家具や商店用品などを売る通りですが、これは昔の木地師通りの名残です。

その南は天王寺。

四天王寺の門前町だった地域です。天王寺の南は浪速《なにわ》区になります。

この浪速区の通天閣と呼ばれる辺りには、今でも大衆演劇の劇場や、歌謡ショーを催すホールが所せましと立ち並んでいます。

寺で大道芸や舞踏などを行った芸人達が居住していた地域だった名残です。

「まつろわぬ民」が作りだした大坂の代表的な空間の一つです。

ここから南となると、もうまるっきり田舎になってしまいます。

堺まで至れば、市街地といったイメージが強く、かって繁栄を恣《ほしいまま》にした自由商業

「まつろわぬ民」が作り出した大阪の代表的な空間。通天閣の繁華街（左）と大衆演劇の小屋（下）。

道具屋筋通り（上）と中に残る堺刃物の店（右）。

都市堺の面影は何処にもありません。

秀吉の大坂都市計画は、決定的な歴史的ダメージを堺の発展に与えてしまったのです。

みるみる衰退していく堺を目にしていた堺商人達の秀吉に対する反発心には並ならぬものがあったことでしょう。

その頃から、利休の愛弟子《まなでし》、山上宗二には、秀吉に対する反抗的な言論が目立ってくるようになりました。

宗二は硬骨漢《こうこつかん》で融通《ゆうずう》のきかない人柄だっただけに、師匠・利休や堺商人が隠している秀吉に対する不満を正直に代弁してしまうようなところがありました。

これらの言動は秀吉の激怒を買い、山上宗二は放逐されてしまいます。

それから山上宗二が何処へ行ったかというと、当時、秀吉に対してあくまで独立意志を表明していた小田原の北条氏の城下にたどり着きました。

勿論、秀吉にしてみれば利休という大立者の愛弟子が、自分に隷属しない北条氏の城下に落ち着いたことに懸念を感じないわけにはいかなかったでしょう。

その裏に、利休の手引きがあるのではないかと疑ったことも容易に想像できます。実際、秀吉の天下支配に反感を持つ利休が、愛弟子を北条氏に送り込んだ可能性も高いでしょう。

天正十八年、秀吉は、先手必勝というわけで、激戦を繰り返していた北条と真田《さなだ》の仲裁に割ってはいり、明らかに北条側に不利な和睦条件の締結を求め、これに逆らった北条氏に討伐をしかけました。

この時、秀吉は利休を随行させ、小田原城下を包囲して、城下に住まう宗二を呼び出しました。利休の目の前で、宗二にすべてを自白させようというわけです。

秀吉は、北条氏の内情を報告せよと宗二に迫りますが、宗二はがんとしてこれを受け入れず、当然、師匠を庇《かば》い、翌日、耳と鼻を削ぎ落とされて死刑になりました。

秀吉の利休に対する見せしめです。

利休、宗二、秀吉が繰り広げた、酷《むご》たらしい鬼気せまる情景が目に浮かびます。

筆者は、この秀吉の「耳を落とし、鼻を削ぎ」という処刑法に秀吉の前身が、よく現れていると思うのです。

「耳を落とし、鼻を削ぐ」という処刑法は、かつて地頭《じとう》などが「逃亡者」を裁く処刑法としてよく用いたものです。

彼ら三人の間では、こういう処刑法が、その場にもっとも相応《ふさわ》しいものだったのです。


秀吉は小田原を陥落させ、利休ともども大坂に引き返しますが、この時をさかいに利休との関係は一層冷え込んでいきました。


秀吉にしてみれば、もう利休は信用に足る男ではありません。

秀吉は、利休の娘を、自分の側室の一人に差し出せとせまったといわれています。

つまり、秀吉は人質を要求したのです。

利休にしてみれば、自分を庇った愛弟子を惨殺されたのですから、意地というものがあります。秀吉の要求をガンとして拒みました。

利休は秀吉からいずれ、宗二と同じ運命を申し渡されることを覚悟していました。自分の死を見込んで、利休は、陰陽道を駆使して秀吉を呪詛することを企んだのです。

利休式神の法と、秀吉の式神返し

利休は、唯一秀吉が苦手とする信長が葬られた大徳寺に山門を寄進し、こっそりと自分の像を楼閣《ろうかく》に置きました。

利休像は、陰陽道でいう式神《しきがみ》（一般的に人形《ひとがた》を作成し、それに魂を吹きこんで使役する呪法）です。

山門の上の楼閣は、霊場、黄泉国《よみのくに》と通じていると信じられていましたから、利休は生きながら、そして秀吉に殺されてからも、黄泉国から楼閣の空間を通じて利休像に乗り移り、大徳寺に眠る信長の霊ともども秀吉に祟《たた》ろうというわけです。

信長の法要に通う秀吉は、その足の下に踏みつけられることになります。

兼ねてから諜者《ちょうじゃ》に調べさせ、利休像の報告を受けた秀吉は、呪詛《じゅそ》の意図を見抜き、堪忍袋《かんにんぶくろ》の緒を切ります。

「下郎の身で、その雪駄《せった》の下を貴人に通らせようというのか!!」

山の神の怒りが爆発しました。

「利休切腹申しつけ」が秀吉から下ります。

利休は弁解もなく、この命令に従うしかありません。

「利休は、果報者ですな、生きながら現人神《あらひとがみ》になったかと思うと」利休はこのような辞世の句を残しました。

これは、新八幡になりたいといった秀吉を皮肉った句であるといわれますが、筆者はそうは思いません。

天皇や皇族というのは、天孫《てんそん》です。現人神とされていました。

ですから、秀吉を踏みつけた利休は、現人神になったのだと、秀吉に最後の悪態をついたのです。

その後の秀吉の利休像に対する処置を見れば、山門の利休像が呪詛であったことは明白です。

秀吉は、処刑した利休の首を、利休像に踏みつけさせた上でさらし物にし、後に利休像を陰陽師が其処《そこ》で式神を処理していたことで有名な京都一条戻橋に引きずっていってバラバラにして燃やしてしまいます。

式神は、黄泉国に通じているといわれる一条橋のような場所で、燃やすなり、河に流すなりしてこれを処理しないと、命のあるものになって活動するといわれていましたから、秀吉は二度利休を殺して処理したということになります。

第七章

最期まで〝勧進の祭り〟を忠実に生きた秀吉

秀吉は根っからの勧進聖だった

晩年の秀吉はすっかりボケが進み、ひどく凡庸な人物になってしまったと批評されます。

最後には朝鮮出兵の狂気の愚挙を起こし、その戦いの途中で亡くなりました。しかし、筆者は実に秀吉は最後まで秀吉らしかったと思うのです。思うに、彼は、武将になってからも根っからの勧進聖《かんじんひじり》だったのです。

勧進聖は、いまでいえば土木業者であり、興行主です。

このどちらもが、「祭り屋」という言葉で表現できると思います。

社寺造営は、昔の最も大きな祭りです。請け負った祭りを完成させるために、人材や物資や、資金を調達し、アチコチで顔見世興行を行うのが勧進聖というわけです。

秀吉という人は、生涯の間に、大坂城を初めとして実に多くの城を造り、戦場でダムを造り、政策によって道路を整備し、町を生み出しました。

残された文献などを見ますと、その一つ一つに秀吉自身が人事から材料調達、支払い、給与に至るまで、細かい指示を出していたことが分かります。

勧進聖の仕事そのものは福祉的なものです。彼らは職人、商人、運送人を総動員して建築に従事させ、集めた金子《きんす》を賃金として振りまきます。

鬼族にとって勧進聖のもたらす仕事は、主となる生活の糧ですから、勧進聖は地域の活性化と、こうした者達のために社寺の仕事を請け負うようなものなのです。

勿論、自分の駄賃もそこから抜くわけですが……。

秀吉も、信長から武将にとりたてられた当時から、手柄を立てた臣下（職人）への褒美の多さはピカ一でした。ですから、誰もが競って秀吉を喜ばそうと努力しました。

有名な信長の仇討《かたきう》ちといわれる「大返し」の時には、出兵する直前の姫路城で、城内の金子、銀子をことごとく臣下に配って無一文になり、もし光秀に敗れれば、実弟の婿・三好吉房に家族をすべて殺せと命じています。

こういう羽振りのよさは、信長や家康にはありません。秀吉にとっては、彼らのように、金は溜《た》めるものではなく、必要に応じて集めるものですから、まったく金銭感覚が違うのです。

金は、あくまで祭りを完成させるために必要な方便でしかありません。

卑賤《ひせん》と呼ばれる散所の中で、醜く体も貧弱に生まれた子供が、山の中で神人としての修行に明け暮れて過ごした日々があります。

暗い幼児期を送った後に、成人した彼は、普段は依頼人に応じて呪詛でなりわいを立てる傍ら、社寺から勧進の仕事が入れば、町に出て自分の身体に刃物を当てたり、皮を剝《は》いだりして人々を集め、社寺への寄進を呼びかけ、時に河原者を使って興行をしていたわけです。

仲間内ではボスでも、世間から見れば汚らしい乞食坊主です。

朝鮮出兵は狂気ではなく秀吉らしさの現れ!!

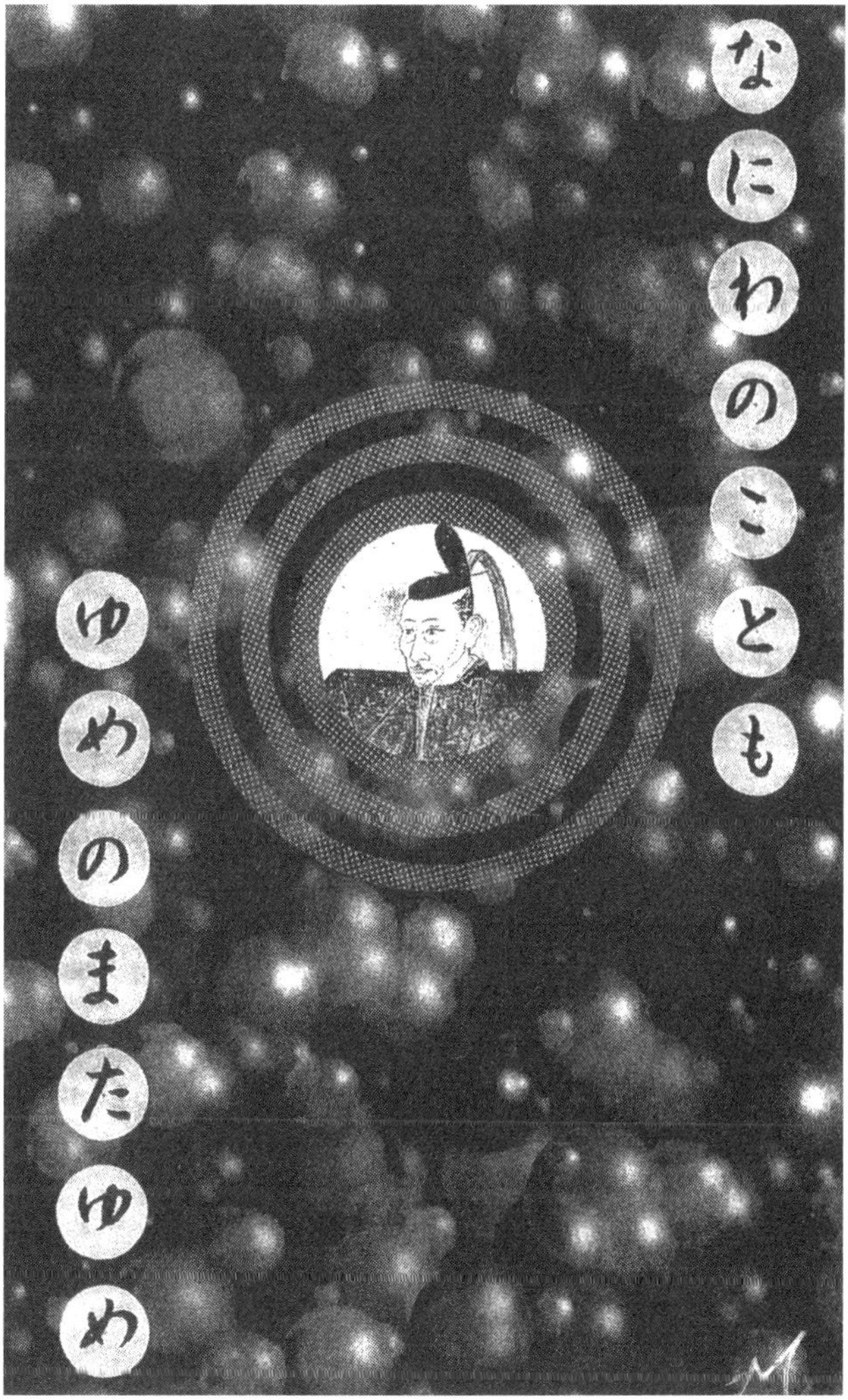

職人、商人、運送人を総動員した戦場の祭りを取りしきることに、自らの喜びを見出した秀吉は、最期まで勧進聖そのものだった!!

自分に対する誇りと卑下の狭間にあったことでしょう。
一生日のあたらぬ場所で生きていくはずだった秀吉……。

その彼が、陰陽道に心酔していた武将・信長に紹介されることになりました。
信長は話してみると、大ボラ吹きかと思えるようなスケールの大きな話をします。

そこに、秀吉は自分のために用意された「大きな勧進の祭り」を見たのです。

勧進の仕事で覚えこんだ「ひょうきん」や「会話上手」や「派手な祭り好き」が彼の素顔ではなく、時折チラリと見せる気性の激しさや、豪胆さが本当だとすれば、秀吉と信長は、互いによく似ています。
良く似た二人、しかしかたや管領斯波《しば》氏の家老の家柄、しかもその一族の末端で本家の家来筋でしかないにもかかわらず、天下統一に乗り出そうとしている信長と、高貴な系譜を持ちながら卑賤の暮らしに甘んじてきた秀吉。

秀吉は、目の前にいる自信に満ち溢《あふ》れた男・信長を自分の光の部分であるように感じ、自分が信長に成りたいと願ったのではないでしょうか？

そして、社寺に縛られるよりも、信長の片腕となり、彼の語る「大きな祭り」のための勧進を引き受けようと思ったに違いありません。

そこからの快進撃は、戦いに明け暮れていたとはいえ、秀吉にとっては夢のように楽しい祭り続きの日々だったのです。

戦いも秀吉にとって、勧進のイベントに過ぎませんでした。

ですから彼は、陣内にいつも市を作り、芸人を呼んで騒ぎ立て、武将に娯楽を提供する一方で、自分も心から楽しんでいる風情に見えたのです。

信長の暗殺も、秀吉にとっては大きな意味はなかったのかもしれません。

彼が仕えていたのは信長ではなく、信長が語った「祭り」です。

ですから、秀吉の中で、信長がいなくなったあと、その祭りを完成させるのは勧進元を引き受けた自分しかいなかったのです。

祭りを求めつづけた秀吉

信長が夢見た天下統一という大きなイベントを成し遂げた後、秀吉は空虚になりました。

祭りが無くなったからです。

そのせいか、秀吉は大坂城を築城したあと、急に懐古的になり、昔、手習っただろうと思われる茶や、能舞に凝りはじめます。

秀吉が、能楽に心酔したことはよく知られています。

秀吉は、天下人になるや、さっそく能楽の保護育成に乗り出し、後には自らが稽古《けいこ》に励んで実演してみせたり、自分を主人公にした新作を作らせて主演することまでしました。

勧進興行でやってきたことが、彷彿《ほうふつ》と思い出されたのでしょうか？

大和《やまと》猿楽四座のパトロンになって、大坂城中でもしばしば能楽鑑賞会を開いています。


それでもあきたらず、秀吉は「祭り」に興じます。

そのスケールたるや、まさに興行です。

北野の大茶会、醍醐《だいご》の花見、聚楽第《じゅらくだい》の金くばり等で大勢の人を集めて、祭り気分を自分で盛り上げました。そして、その度に黄金を振りまき続けたのです。

こうした秀吉の成金趣味な散財がなければ、豊臣家はもっと存続していたはずだなどと言われていますが、そうしなければいられなかった秀吉の天下人になってからの孤独感があるのです。


秀頼が生まれたことは、秀吉にとって、何よりの祭りでした。

秀頼に関しては、秀吉の種ではないといわれていますが、筆者はそうは思いません。

秀吉が、近江《おうみ》の城主になった頃、側室に秀長という子供が生まれています。

ですから、秀吉は子供ができにくかったことは事実ですが、種なしではありません。しかしもしかしたら、秀吉にとって、事実はどちらでも良かったのかもしれません。

秀吉という人は、愛情乞食のようなところがありました。

もともと醜い上に、幼年期に母からも離れて育ち、正室になった禰々《ねね》も、いわれているような秀吉の岡惚《おかぼ》れではなく、家同士の結婚であったわけですから、人から愛されることに異常に敏感になったのは当然のことです。

秀吉は、とにかく多くの側室を持っていましたが、自分の血を分けた子供を愛したい、愛されたいという気持ちは並のものではなかったのでしょう。

秀吉は、そんな自分の愛情に対する飢えを、秀頼によって満足させたかったのです。

しかし、結局、秀吉が最後にたどり着いた結論は、死ぬ前に、最後の祭りをすること……朝鮮への出兵をすることだったのです。

祭り屋というのは、完成した祭りには興味がなくなってしまうものです。

祭りの後には、ただ賑《にぎ》わい、活気づいた後の空虚な空間だけが残ります。

祭りの前よりも寂寥《せきりょう》とした時と場……秀吉は、まさに祭り屋でした。

朝鮮支配に次の夢を馳《は》せた秀吉ですが、彼は大陸の技術力を見くびっていました。

対戦は惨憺《さんたん》たる秀吉軍の敗走、秀吉は出兵中、失意の中で息を引き取ります。

秀吉の晩年は惚《ぼ》けに侵されていたのでしょうか？　それとも狂気だったのでしょうか？

否、本当は信長に出会い、その夢を我が物として取り憑《つ》かれ、身分も自我の枠組みも超えてしまった時から既に、秀吉は狂気の人、夢の住人だったと思うのです。

そして誰よりも狂気と夢に踊らされたからこそ、天下統一はなし遂げられたのです。

「つゆと落ち、つゆと消えぬるわが身かな……難波《なにわ》のことも夢のまた夢……」

木下家に残されていた秀吉辞世の句がすべてを物語っているようです。

月海黄樹　げっかい　おうじゅ
山窩の家系に生まれ、幼少時より口伝の歴史・占術を授けられる。風水、天文易学、夢解読、象徴学など幅広い分野を渉猟し、占い師としてのキャリアも長い。
断筆後も霊学・古代史研究家として注目され続けている。
著書に『古代ユダヤ人と聖徳太子の秘密』『天宮占星術入門』（以上月海千峰のペンネーム）、『龍宮神示』『空海は古代ユダヤの錬金術師だった：正統ユダヤの血脈は〈日本〉にあり』（徳間書店刊）がある。

本書は1995年12月、徳間書店より刊行された『希代の呪術師　秀吉の正体』の復刻版となります。

鬼族のボスにして異形の呪詛師?!

豊臣秀吉とそれを支えた戦国・異能者集団の謎

知られざる歴史アンダーワールドの実体!!

第一刷 2025年2月28日

著者 月海黄樹

発行人 石井健資

発行所 株式会社ヒカルランド
〒162-0821 東京都新宿区津久戸町3-11 TH1ビル6F
電話 03-6265-0852 ファックス 03-6265-0853
http://www.hikaruland.co.jp info@hikaruland.co.jp

振替 00180-8-496587

本文・カバー・製本 中央精版印刷株式会社

DTP 株式会社キャップス

編集担当 TakeCO

ISBN978-4-86742-471-1

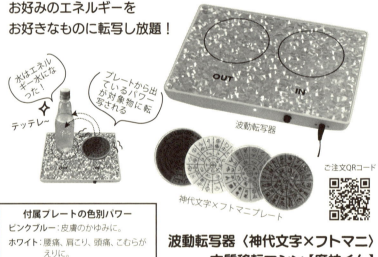

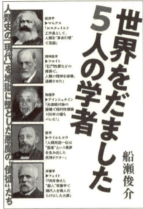

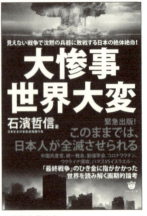

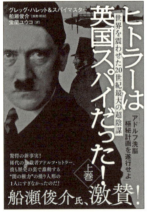

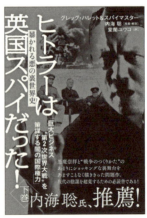